新时代智库出版的领跑者

国家智库报告（2021）
National Think Tank (2021)

"十四五"老龄事业和产业发展规划研究

PLANNING RESEARCH OF UNDERTAKING AND INDUSTRY DEVELOPMENT FOR AGING

李璐 等著

中国社会科学出版社

图书在版编目(CIP)数据

"十四五"老龄事业和产业发展规划研究／李璐等著 .—北京：中国社会科学出版社，2021.12（2025.1重印）

（国家智库报告）

ISBN 978 – 7 – 5203 – 9429 – 1

Ⅰ.①十… Ⅱ.①李… Ⅲ.①老龄产业—产业发展—长期规划—中国—2021 – 2025 Ⅳ.①D669.6

中国版本图书馆 CIP 数据核字（2021）第 265633 号

出 版 人	赵剑英
项目统筹	王 茵
责任编辑	喻 苗
责任校对	杜若普
责任印制	李寡寡

出　　版	中国社会科学出版社
社　　址	北京鼓楼西大街甲 158 号
邮　　编	100720
网　　址	http://www.csspw.cn
发 行 部	010 – 84083685
门 市 部	010 – 84029450
经　　销	新华书店及其他书店
印刷装订	北京君升印刷有限公司
版　　次	2021 年 12 月第 1 版
印　　次	2025 年 1 月第 6 次印刷
开　　本	787×1092　1/16
印　　张	13.75
插　　页	2
字　　数	180 千字
定　　价	78.00 元

凡购买中国社会科学出版社图书，如有质量问题请与本社营销中心联系调换
电话：010 – 84083683
版权所有　侵权必究

摘要: "十四五"时期,伴随中国全面开启社会主义现代化建设,人口老龄化也进入加速发展期,老龄发展规划应满足人口老龄化发展进程和国家经济社会发展阶段的要求。本书基于国家发展和改革委社会发展司 2020 年度委托课题"'十四五'老龄事业和产业发展总体规划前期研究"和联合国人口基金 2020 年度资助项目"'十四五'时期应对人口老龄化的重点任务和关键举措",对"十四五"时期老龄事业和产业发展的理论和制度基础、国际经验借鉴、"十三五"发展基础以及"十四五"内外部环境等进行了综合研判,最终提出"十四五"老龄事业和产业发展的整体思路、重点领域和关键举措,并具体从六个分领域入手给出分析和发展思路建议。

本书总体分为三部分。总论部分分析了中国老龄制度和政策选择的理论基础,全球人口老龄化的发展趋势和应对策略,中国应对人口老龄化的政策路径,以及作为传统老龄事业发展有益补充的老龄产业发展的理论基础。

第一部分是"十四五"老龄事业产业发展整体思路。在对"十三五"老龄事业产业发展基础、存在问题进行梳理的基础上,结合"十四五"中国人口老龄化发展趋势和国内外环境,提出了"十四五"老龄事业产业协同发展思路、重点发展领域和关键举措。

第二部分是分领域扎实推进老龄事业和产业协同发展。从完善养老保障体系、健全健康养老服务体系、壮大老年用品产业市场、充实教育文化体育产品和服务、推进生活环境适老化改造、创新老年科技产品和技术支撑六方面分别分析了发展情况和存在问题,并给出了思路建议。

关键词: 应对人口老龄化　老龄事业和产业协同发展　老龄发展规划

Abstract: During the 14th Five-Year Plan period, population aging has entered a period of accelerated development. The development plan for the aging of population should meet the requirements of the development process of population aging and the national economic and social development stage. Book based on the commissioned projects by NDRC named "the Overall Planning Research of Undertaking and Industry Development for Aging", and by UNFPA named "Key Tasks and Measures to Deal with Population Aging during the 14th Five-year Plan Period".

The book is divided into three parts. The general part analyzes the theoretical basis of China's aging system and policy, the development trend of global population aging and coping strategies of foriegn countries, the policy path of China's response to population aging, and the theoretical basis of the development of aging industry as a useful supplement to the development of traditional undertakings for aging.

Part Ⅰ is the overall thinking of the development of the undertakings for the aged in the 14th Five-Year Plan period. On the basis of sorting out the development basis and existing problems of the undertakings for the aged in the 13th Five-Year Plan period, and combining the development trend of the aging population in China and the domestic and foreign environment during the 14th Five-Year Plan period, the book puts forward the ideas, key development areas and key measures for the collaborative development of the undertakings for the aged in the 14th Five-Year Plan period.

Part Ⅱ is to promote the coordinated development of undertakings for the aged and industries in different fields. The development situation and existing problems were analyzed from six aspects of perfecting the old-age security system, perfecting the health care service system, expanding the supplies industry for the elderly, developing education, sports and sports services, promoting the transformation for the aging, and innovating the support of scientific and technological products, and the ideas and suggestions were given.

Key Words: Deal with Population Aging, Coordinated Development of Aging Undertaking and Industry, Development Planning for Aging

目 录

前言 ··· (1)

总论 ··· (1)
 (一)中国老龄制度和政策选择的理论基础 ············· (1)
  1. 国家福利制度决定老龄制度理念 ··················· (1)
  2. 中国应客观选择老龄制度路径 ····················· (2)
 (二)全球人口老龄化发展趋势及应对策略 ············· (4)
  1. 全球人口老龄化整体发展趋势 ····················· (4)
  2. 国际社会应对人口老龄化的经验做法 ··············· (6)
  3. "十四五"中国人口老龄化的趋势 ·················· (14)
  4. "十四五"时期中国老龄工作发展环境 ··············· (19)
  5. 中国应对人口老龄化的优势和挑战 ················· (23)
 (三)中国老龄产业发展的理论基础 ··················· (27)
  1. 对产业的界定 ···································· (27)
  2. 对老龄产业的界定 ································ (28)
  3. 养老产业的具体内容 ······························ (33)
  4. 当前比较典型的老龄产业业态 ····················· (36)

一 中国"十四五"时期老龄事业和产业发展整体思路 ··· (55)
 (一)"十四五"时期中国人口老龄化趋势研判 ··········· (55)
  1. "十四五"人口老龄化进入快速发展期 ··············· (55)
  2. 我国人口老龄化同期普遍低于国外发达国家 ········ (63)

3. 高龄化与少子化并存,必须加以关注 ………… (65)
4. 劳动力人口逐年下降,年龄不断老化 ………… (67)
5. 失能半失能、慢性病老年人不断增加 ………… (71)

(二)"十四五"发展面临的国内外环境 ………… (74)
1. 国际环境复杂多变,走出自己道路的必要性和重要性增强 ………… (74)
2. 国内经济实力增强,发展基础好,整体氛围好 ………… (75)
3. 中国内转型调整和结构升级压力进一步突出 ………… (76)
4. 人口形势、发展风险、不确定性增强 ………… (78)

(三)"十三五"时期老龄事业产业发展基础 ………… (79)
1. "十三五"时期的规划政策引领 ………… (79)
2. "十三五"老龄事业发展情况和取得的成绩 ………… (84)
3. "十三五"老龄产业发展的基础 ………… (93)

(四)老龄事业和产业面临的问题 ………… (100)
1. 老龄事业和产业发展存在的问题 ………… (100)
2. 新冠肺炎疫情中凸显的问题 ………… (103)
3. 疫情常态化下养老服务发展的启示 ………… (105)

(五)"十四五"老龄事业和产业的协同发展思路 ………… (108)
1. 充分发挥人口老龄化基本国情对下一阶段培育强大国内市场的积极作用,将人口老龄化势能转化为经济发展的持续动能 ………… (108)
2. 充分发挥老龄事业对保障亿万老年人基本权益的重要作用,持续推进老龄事业改革发展,制定基本养老服务制度,加强农村等困难地区养老服务体系建设 ………… (109)
3. 充分发挥养老企业对扩大养老服务供给的推动作用,构建政府、企业、社会合理分工、通力合作的中国特色养老服务体系 ………… (109)
4. 充分发挥科技创新对老龄社会供需双方的

支撑作用，以科技引领应对人口老龄化工作
　　不断提升 ……………………………………………… (110)
(六)"十四五"老龄事业和产业的重点发展领域 ……… (111)
　　1. 加快建立服务筹资机制 …………………………… (111)
　　2. 夯实重点薄弱领域工作 …………………………… (112)
　　3. 建立基本养老公共服务制度 ……………………… (112)
　　4. 扩大普惠养老服务供给 …………………………… (113)
(七)"十四五"老龄事业和产业发展的关键举措 ……… (113)
　　1. 兜底性长期照护服务保障行动 …………………… (114)
　　2. 丰富老年人文体教育娱乐计划 …………………… (114)
　　3. 居家社区养老服务提升工程 ……………………… (115)
　　4. 康复辅具等产品供应计划 ………………………… (116)
　　5. 农村养老服务能力提升计划 ……………………… (117)
　　6. 智能产业和服务提升行动 ………………………… (118)
　　7. 老年友好型城市和社区建设行动 ………………… (119)

二 分领域扎实推进老龄事业和产业协同发展 ………… (121)
(一)完善养老保障体系 …………………………………… (121)
　　1. 发展现状 …………………………………………… (121)
　　2. 存在问题 …………………………………………… (124)
　　3. 发展思路 …………………………………………… (126)
(二)健全健康养老服务体系 ……………………………… (129)
　　1. 内涵与政策沿革 …………………………………… (129)
　　2. 建设现状 …………………………………………… (131)
　　3. 存在问题 …………………………………………… (140)
　　4. 发展思路 …………………………………………… (144)
(三)壮大老年用品产业市场 ……………………………… (148)
　　1. 发展现状 …………………………………………… (148)
　　2. 存在问题 …………………………………………… (156)

3. 国外经验 …………………………………………… (159)
4. 发展思路 …………………………………………… (172)

(四)充实教育文化体育产品和服务 …………………… (176)
1. 发展现状基础 ……………………………………… (176)
2. 存在问题 …………………………………………… (180)
3. 发展思路 …………………………………………… (183)

(五)推进生活环境适老化改造 ………………………… (186)
1. 发展现状 …………………………………………… (186)
2. 存在问题 …………………………………………… (189)
3. 发展思路 …………………………………………… (192)

(六)创新老年科技产品和技术支撑 …………………… (195)
1. 发展现状 …………………………………………… (195)
2. 存在问题 …………………………………………… (200)
3. 发展思路 …………………………………………… (202)

参考文献 ………………………………………………………… (204)

前　言

2021年恰逢中国"十四五"时期开局和建党百年纪念。在新时期、新理念、新格局的指引下，老龄工作也要立足当下、放眼未来，不断完善对全体老年人、对全社会全民族有益的老龄工作理念和制度体系。

传统上，中国将老年人工作作为政府主抓的一项事业，在制度建设、服务搭建、要素配备、环境营造等方面，形成了政府主导、多元参与的发展格局。新时期以来，伴随经济社会发展，老年人口结构、老年人需求结构都发生了较大变化，满足老年人多层次多样化的养老服务业蓬勃发展，社会资本对养老服务、产品领域的投资热情不断高涨，老龄产业日益发展旺盛。同时，实施积极应对人口老龄化上升为国家战略，需要全社会、多角度、多领域共同关注和投入应对老龄化工作当中，老龄工作的重要性、综合性、复杂性都日趋明显。同时，老龄工作是既面向老年人，又面向全龄人口的长期工作，既承担着兜底线、保基本的公共服务职能，又要满足多层次、高品质的需求，既是民生事项也有产业属性，所以推动老龄工作要多角度多领域入手，注重事业和产业的协同推进。

本书就是在上述发展背景下，为服务于"十四五"时期老龄工作的规划编制而开展的前期研究。本书由总论及一、二两部分组成。总论部分相当于背景分析，赵玉峰总体分析了中国老龄制度和政策选择的理论基础，全球人口老龄化发展趋势和应对策略，中国人口老龄化的政策路径，胡祖铨重点分析了中国老龄产业发展的理论基础，为"十四五"老龄产业发展路径提供理论支撑。第一部分对"十四五"老龄领域工作进行总体分析判断。李璐、王伶鑫对"十三五"时期老龄事业和产业发展基础进行了分析，其中孔伟艳参与分析了疫情对老龄工作的影响。王伶鑫分析了"十四五"时期中国人口老龄化的发展结构，李璐提出了"十四五"时期老龄事业产业协同发展的总体思路、重点领域和关键举措。第二部分是分领域推进老龄事业和产业协同发展。从完善养老保障体系、健全康养服务体系、壮大老年用品产业、发展教育文体服务、推进适老化改造、创新科技产品支撑六方面分别分析了发展情况和存在问题，并给出了思路建议。其中纪竞垚分析了健全康养服务体系部分，李璐分析撰写了其他部分。

在研究和成稿过程中，感谢郝福庆、王谈凌、常兴华、贾国平、陈功、冯文猛、孔伟、郝晓宁、梁春晓等领导和专家给予的指导和修改意见，当然本书的所有观点由课题组负责，如有不当请批评指正。

总　　论

（一）中国老龄制度和政策选择的理论基础

1. 国家福利制度决定老龄制度理念

老龄制度，从人群属性和制度属性上，都是社会福利体系的重要组成部分，因此受到社会福利思想的影响。西方社会福利思想有两个路径：制度主义福利和剩余主义福利。制度主义福利思想认为，每个人的养老服务需求作为一种权利被认定为正常社会生活的一部分，福利养老服务应当提供给所有老年人（Vogel，1999；Arrow，K.，Sen，A. K.，& Suzumura，K.，2002）。剩余主义福利原理认为，养老服务作为一种福利安全网，应当只提供给穷人，或只提供给那些个人及其家庭无法满足自身养老服务需求的人（Spicker，P.，2014）。哈里特·迪安（Dean，H.，2019）将养老制度分为四种：普遍福利型，代表是北欧国家；福利多元主义类型，主要代表是德国、日本；社会安全网型，代表是美国、加拿大；无保障型，代表是撒哈拉以南非洲。

Hall 和 Midgley（2004）指出，在不断追求经济发展以及寻求社会与经济政策相整合的发展中国家，西方模式并不适合。一些学者在对发达国家与发展中国家福利制度对比研究中也持类似的观点（Gough，I.，2004；Mkandawire 和 Unies，2001）。

中国应该选择何种养老制度，目前学界没有定论，但是大多数学者倾向于认为应根据我国的具体国情来决定，要服务于"发展"的主要任务。胡湛、彭希哲（2012）认为，对于一个处于转型期的发展中人口大国，中国复制其他国家的政策模式仍有先天的局限，只有将别国经验与中国的现实及文化传统统一起来，强调在中国国情的基础上构建符合中国发展需要的"发展型养老政策"。王思斌（2009）、戴建兵（2012）等认为，应该采用适度普惠的福利模式；李兵等（2015）认为，应该采取"政府主导下的混合经济养老服务"模式。

2. 中国应客观选择老龄制度路径

伴随人口老龄化进程，一直存在的争议是：在中国发展老龄产业，应该由市场直接满足老年人和家庭的需求，还是应当将老年产品和服务作为准公共产品，加大政府供给力度？回答这一问题，应当从老年产品和服务的属性、国家人口老龄化趋势以及国家福利制度入手，分析老年产品和服务的供给主体和供给原则，以及国家老龄制度的基本理念。

（1）中国老年产品和服务具有商品属性，需要通过老龄产业扩大供给，特定弱势群体的需求需要兜底保障

老年产品和服务的属性与老年人群特征、国家人口老龄化趋势直接相关。老年人，一是处于生命周期后端，生理功能退化，心理孤独和依赖增加，对外界照护需求增加；二是回归家庭和社区，家庭结构对老年人晚年生活影响直接；三是具有一定财富储备，消费能力受消费习惯和意识的影响，消费领域随年龄增长有所变化。在这些特征作用下，老年产品和服务的重点领域主要围绕健康养老、居家社区，老年人从生产主体过渡为消费主体。同时，伴随中国人口老龄化趋势日益加深，家庭小型化导致家庭功能外移，中国由2.5亿老年人构成的庞大消费市场对老年产品和服务的需求日益旺盛。所以，满足广大老年人的老年产品和服务的产业政策需要适时跟进，引导市场主体更多向重点领域布局。

但是，在中国现阶段经济社会发展水平和社会文化观念的共同影响下，不同老年人群具有较大的差异和分化。农村老年人由于生产力水平不高，生活保障水平也较低，需要通过制度设计兜底保障；城乡鳏寡孤独、高龄、失能等老年人则需要特殊的关注和照护，等等。所以，作为弱势群体的老年人需要政策性倾斜和保障，才能共享社会发展成果。

（2）北欧高福利国家将老年产品和服务纳入准公共产品范畴

老年产品和服务的属性与国家福利制度相关。有学者认为，老年产品和服务具有准公共产品的特征，这种判断是对北欧国家养老服务性质的判断。萨缪尔森（1954）在《公共支出的纯理论》中归纳了公共物品在消费中的两个本质特征，即非排他性和非竞争性。由于公共物品存在这两个特性，导致市场机制无法有效地提供公共物品，只有政府才能弥补这一市场失灵。但是，老年产品和服务并不天然具有非排他性和非竞争性，而是由于老年人群的相对弱势而具有社会福利性。北欧国家在高福利制度下保障了全体老年人的养老需求，使得养老服务具有了非排他性或非竞争性特征，才使之具有公共产品特征。由此可见，北欧国家社会福利制度的普遍性决定了老年产品和服务的公共产品特征。中国是推动老龄产业发展，还是加大政府供给力度，应由中国福利制度决定。

综上所述，老年产品和服务并不天然是公共产品，而是具有普通商品的特征。中国实行的老龄制度和老龄政策应由中国老龄化发展趋势和经济社会承担能力来决定。现阶段应秉承的制度路径是：大力推动老龄产业的发展，扩大老年产品和服务供给；同时，推动老龄事业和产业协同发展，保障特定弱势老年人的需求，满足广大老年人多层次、多样化的需求。

（二）全球人口老龄化发展趋势及应对策略

1. 全球人口老龄化整体发展趋势
（1）世界上老年人口整体增多

据联合国统计，2018年底全球老龄人口总数已达7.05亿，平均每10个人中就有一位60岁及以上的老人。到2050年，60岁及以上的老龄人口总数将近20亿，老龄人口占总人口的21%，并将超过14岁以下儿童人口的总数。百岁老人将从2002年的约21万人增长到320万人。到2050年，非洲老龄人口将从4200万增加到2.05亿；亚洲从3.38亿增加到12.27亿；欧洲从1.48亿增加到2.21亿；美洲从9600万增加到3亿。目前全球人口老龄化最严重的国家是意大利，老龄人口占总人口的25%。

2018年，人类历史上第一次，65岁及以上的人数超过了全世界5岁以下儿童的人数。在2019年至2050年，预计全球65岁及以上的人数将增加一倍以上，而5岁以下儿童的人数预计将保持相对不变。因此，预测表明，到2050年，老年人的数量将是5岁以下儿童的两倍多。此外，预计到2050年，全球65岁及以上的人口（15亿）将超过15—24岁的青少年（13亿）。虽然全球男性和女性的总人数大致相等，但由于平均预期寿命较长，高龄女性的人数将超过男性。2019年，65岁及以上的女性占55%，全球80岁及以上的女性占61%。2019年全球大约9%的人口年龄在65岁及以上，预计世界老年人口比例在2030年达到近12%，2050年达到16%，到2100年可能达到近23%。2019年欧洲和北美洲的65岁及以上人口占比最多，其次是澳大利亚/新西兰（16%）。这两个地区都在继续老龄化。预测表明，到2050年，欧洲和北美洲每四个人中就有一个人年龄在65岁及以上。预计其他地区的人口将在未来几十年内显著老龄化。

拉丁美洲和加勒比地区65岁及以上人口的比例可能从2019年的9%增加到2050年的19%。同样,东亚和东南亚65岁及以上人口的比例预计将从2019年的11%增加到2050年的24%。撒哈拉以南非洲是年龄结构最年轻的,65岁及以上人口的比例从2019年的3%增加到2050年的约5%。

2050年80岁及以上人口的增长速度甚至将超过65岁及以上的人数。1990年,世界上只有5400万80岁及以上人口,这一数字在2019年几乎增加了两倍,达到1.43亿。预计到2050年全球80岁及以上的人口再增加近1.97倍,达到4.26亿人,并在2100年进一步增加到8.81亿人。2019年,80岁及以上的人口中有38%居住在欧洲和北美洲,由于其他地区的老年人口规模继续扩大,预计在2050年将下降至26%,在2100年下降至17%。

(2) 全球生育率走低,可能进一步加剧老龄化

第二次世界大战后,新生儿数量明显减少,人均寿命不断上升。这种双向发展使全球几乎所有国家的人口结构都趋于老龄化。据联合国有关规定,一个国家65岁及以上的老年人在总人口中所占比例超过7%,或60岁及以上的人口超过10%,便被称为"老龄化"国家。《世界人口展望(2019)》报告指出,2019年全球65岁及以上老年人口占比为9.1%,世界上所有的国家都在经历老龄化过程。原新提到,在全世界200多个国家和地区中,已有近百个国家进入"老龄化"。[①] 目前中国60岁及以上的老年人已达2.54亿,即将进入深度"老龄化"国家的行列。而未来生育率走低,儿童占比减少会进一步加剧老龄化。

人口学家普遍认为,生育率水平最终走向低生育率,这可能是全世界绝大多数国家和地区的宿命。目前全世界200多个

---

① 原新:《全球近百个国家已跨入老龄社会 大势不可逆转》,2018年9月10日,https://www.sohu.com/a/252945363_780159。

国家和地区中，已经有98个国家和地区的人口生育率低于更替水平2.1（即跨入了低生育率水平时代）。据华盛顿大学预测，到2050年，将有151个国家和地区生育率低于更替水平，到21世纪末，这一数字将增加到183个。生育率过低，还将导致一个最直接的结果，就是人口年龄结构的变化——人口的负增长和老龄化是相伴相生的。据华盛顿大学预测，60岁及以上老年人口数量，2018年是10亿，2050年将会翻一番，增加到21.3亿，到21世纪末会达到29.1亿。我们会进入深度和重度老龄社会，老年人将从社会的边缘群体逐渐成为主流群体。同时，由于低生育率致使低龄人口不断收缩，劳动力的后备补充会开始不断减少，这是全球共同的挑战。

2. 国际社会应对人口老龄化的经验做法

人口老龄化问题引起了国际社会的关注，联合国和许多国家（如中国、日本、瑞典、法国等国）组建了一些较为完善的老龄科研组织和机构，从自然科学和社会科学两个方面加强对老龄问题的综合研究。联合国于1982年在维也纳举行了第一届老龄问题世界大会，在以后16年的历届大会上都涉及了老龄化问题，并先后作出了一系列重大决议：《维也纳老龄问题国际行动计划》《十一国际老人节》《联合国老年人原则》。1991年联合国大会把每年10月1日确定为"国际老人节"。1992年联合国大会通过了《1992年至2001年解决人口老龄化问题的全球目标》和《世界老龄问题宣言》。2002年联合国在马德里召开第二届老龄问题世界大会，通过了《老龄化马德里政治宣言》，倡导各国以积极老龄化观念解决人口老龄化问题纳入本国发展框架。

综观多国应对人口老龄化问题的政策与措施，虽不尽相同，但大体归为两类：一是纷纷推出鼓励生育与移民政策，以改善本国人口年龄结构；二是延迟退休年龄，实行养老金与医疗改革,以应对人口老龄化出现的困境。

(1) 英国改革退休制度,推行"夕阳"创业

英国政府正推动提高退休年龄,目前英国法定退休年龄为男65岁、女60岁,但政府将在2030年领取退休金的年龄推迟至68岁,2040年及2050年,将进一步分别推迟至69岁和70岁,届时英国将成为退休年龄最高的国家之一。英国原财政大臣奥斯本曾表示,不推迟退休年龄,国家养老金制度将面临崩溃。所以政府倡导"夕阳"创业,在退休老人中挖掘人力资源。当下英国65岁以上的就业人口约有150万。英国退休老人由于受教育程度较高,且富于创新与挑战精神,他们多数退而不休,乐于再开创一份新的事业,如担任企业顾问,开办咨询公司,或创办小书店、咖啡店、饮食店及休闲用品店等,也有不少老人喜欢学习与写作,晚年生活过得非常充实。英国的养老模式在20世纪50年代为政府办福利院的"住院式",自70年代至今,普遍实行了养老不离家的"社区照顾式"养老,费用由社区自筹、社会资助为主,政府视情况给予资助,这种模式大大减轻了政府的负担。

(2) 美国完善老年社会保障制度,解决人口老龄化问题

美国的退休政策分三个层次,即按不同出生日期设定不同的正常退休年龄,1937年及之前的出生者、1943—1954年间的出生者、1960年及之后的出生者,其正常退休年龄分别为65岁、66岁与67岁,凡在正常退休年龄退休的人,均可领取全额退休金;年满62岁可以开始领退休金,但算是提前退休,只能按七折领取;若延迟退休,可获得奖励,如规定66岁退休者,选择在67岁退休,每月可领108%的退休金,如选择在70岁或70岁以后退休,每月能拿到132%的退休金。美国目前有提案欲将退休年龄推迟至70岁。美国的养老制度历经改革已形成"三足鼎立"格局,一是由政府主导、强制实施的社会养老保险制度,即联邦退休金制度。其资金来源是强制征收"社会保障税"即强制企业在每月雇员工资中代扣代缴。二是由企业主导，企业雇主和雇员共同出资的企业补充养老保险制度，即企业年金计划。1978年，美国《国内税收法》新增第401条K条款规定，政府机构及企业雇主，为雇员建立积累制养老金账户，可享受税收优惠。据此，越来越多的美国企业选择了雇主和雇员共同出资、合建退休福利的方式。因此，这种企业年金计划又称作401K计划。三是由个人自愿参加的个人储蓄养老保险制度，也称为"个人退休金计划"（IRA计划）。这是一种联邦政府提供税收优惠、个人自愿参与的个人补充养老金计划。

（3）加拿大建立多种制度体系应对老龄之困

加拿大由于人口老龄化，社会面临多种难题：经济发展滞后，预测25年内其年平均经济增长率不会超过1.6%，远低于以往10年2%的增速；同时渐增的养老支出会给国家财政带来巨大压力。加拿大政府已从稳定养老制度、鼓励生育、增加移民与延迟退休四方面入手应对人口老龄化的困局。加拿大有稳定而完善的养老制度，一直沿用英式福利国家模式，早在1927年就颁布了《养老金法》，开始以国家拨款方式承担国民养老责任；已形成由老年收入保障计划（OAS）、按月支付的养老金计划（CPP）和私人养老金计划（RSP）三个层次组成的整套养老保险制度。OAS是一种经费来源于税收的基本保障计划，受益资格是年满18岁后在加居住10年以上的65岁老人，且有居住年限差异和收入上限的限制。CPP计划产生于1965年，是建立在劳资双方缴费基础上的养老保险计划，缴费数额已从最初的3.6%增至目前的10%；它是面向全国18岁以上受雇并且向CPP供款的劳动者，是与收入关联的传统养老保险方式。RSP是完全自愿参与的养老金方式，政府提供相应的税收优惠。从上述三个层次获益的比例分别为14%、25%、35%不等，合计可达到退休前收入的74%。一些经济学家认为，退休后收入达到退休前收入的70%，就能保证体面地生活。这样看来，加拿大的老年人算是很幸运的。增加移民、延迟退休、鼓励生育等也是加拿大应对人口老龄化的措施。加拿大正以接近本国人口自然增长率两倍的速度接纳移民，每年约接纳移民25万人，但仍难以弥补"婴儿潮一代"退休造成的劳动力短缺。加拿大原本法定退休年龄为65岁，鉴于这里人均寿命为80.7岁，政府拟于2023年开始将退休年龄延至67岁，2019年前全面执行。但早在2006年末，加拿大人口最多的省份——安大略省已通过立法，取消了退休年龄上限，"想干到多少岁都行"，联邦政府也于2008年初取消了公务员65岁退休的上限，越来越多的加拿大省区都将取消退休年龄上限，目前加拿大仍在工作的逾65岁老年人占劳动力总数的14%。但福利、保险、退休养老金、老年金等福利领取年限仍定在年满65岁即可领取。加拿大许多老年人退休后卖掉原先居住的独立房屋，纷纷搬进老年公寓，但政府筹资兴办的廉价老年公寓只有符合条件且能够自理的老年人才能入住；一些病残老年人只能去养老院，入住公立养老院医疗费用纳入政府医保范畴，其他费用自理。由于资源有限，无论入住公立老年公寓还是养老院，均需按条件申请，排队轮候。有更多老年人只能选择收费昂贵的私立养老院；住不起私立养老院的，只好居家养老，虽然社区提供上门护理服务等，但毕竟不能与公立养老公寓及公立养老院相提并论。由于加拿大拥有完善的养老保险制度，一般退休老年人能够老有所养。当然，老无所依者也大有人在。

（4）不同国家根据经济和文化情况推出应对策略

由于各国经济状况和文化习俗不同，各国养老状况和老年人退休生活方式及志趣追求存有明显差异。西班牙政府对65岁及以上的老年人除发放养老金并提供免费医疗外，还在旅游、疗养及通信等方面，给予老年人很多优惠，那里的退休老年人不再工作，能够无忧无虑地安享晚年。在芬兰，只要是纳税人，就可受益于养老保障制度，政府为每位老年公民提供最低生活保障，在全国范围内待遇平等。根据政府的保障体系，老年人一般能够领取退休金、养老金、住房补贴和保健津贴，并得到牙齿护理、康复训练等医疗服务，有记忆障碍的老年人还能得到恢复记忆的专业护理。新加坡老年人退休金较高，他们一般不再去发挥余热，多数老年人住在设施完善、环境优美的"乐龄公寓"，他们在公园式的环境里生活，被称为"乐龄老年人"。泰国有30多万老年人普遍享受政府津贴，老年人们一般能安度晚年。

　　法国老年人与众不同，不愿意被别人照顾。尽管法国政府也给予老年人很多资助，他们有条件颐养天年；但知识层次较高的法国老年人不服老、不甘寂寞，他们除了参加自娱自乐活动外，非常愿意走进学校或教育机构，义务担任中小学生辅导员或到文化旅游机构服务。他们多数不愿意被社会看成是被照顾或需要照顾的人，他们乐于听到别人赞扬自己还年轻，还有能力服务于社会。波兰社会也十分欣赏本国老年人所富有的不甘落后、紧跟时代的精神。波兰老年人追求知识更新。在华沙，许多老年人走进课堂学习音乐、绘画、电脑写作或新科技，不断提升自身价值，从而获得当义工或再应聘机会，使晚年生活过得充实精彩。

（5）建立长期护理保险制度应对老龄化

　　老年人面临的风险主要是收入风险、疾病风险和失能风险，根据主要地区的经验，这三种风险分别需要养老保险、医疗保险和长期护理保险三种不同机制予以化解。长期护理保险制度在分散和转移国家基本养老保险面临的压力与风险方面发挥着重要作用，不同国家建立长期护理保险制度的时间有长有短，比如美国于20世纪70年代就建立了此项制度，德国、日本则于1995年和2000年才建立长期护理保险制度。目前来看，国际上长期护理保险制度存在两种模式，它们在强制与自愿，以及在政府主导与商业化运作等方面存在显著差别。第一种模式是以德国、日本为代表,这两个国家将长期护理保险纳入社会保障体系;第二种以美国为代表,由商业保险公司开发老年护理保险产品。两者的主要区别在于,前者是政府主导的强制性保险制度,覆盖面广,但灵活性较低;后者是市场主导的非强制性制度,覆盖面取决于市场主体的选择,但灵活性更高。对于不同模式的现实适用性,理论研究尚没有形成一致结论,但可以观察到,不同国家的模式选择与这些国家的经济传统有关。美国的金融体系以市场为主导,在自由主义的氛围下,政府在经济社会领域的职能相对有限,市场化程度最高,除了少数几项社会保障保险属于强制性之外,多数属于商业化行为。而日本、德国的金融体系以机构为主导,且政府在经济方面的作用较大,因此,建立强制性的、由政府主导的长期护理保险制度不足为奇。

我国的经济运行模式和传统与日本、德国更为接近,且在养老制度设计上与它们更为类似。国内多数学者认为,基于保险目的、覆盖面和待遇水平的比较,我国要开展长期护理保险,采用德国、日本等以社会保险为主体的模式更加适合,由国家和政府承担主要的责任,最终兜底。

①德国经验[①]。

一是采取的是社会保险与强制性商业保险相结合的模式。个人收入水平低于强制医疗门槛的,必须加入强制性长期护理社会保险体系,而高收入者则可有权选择加入社会保险体系或购买强制性商业保险。

二是长期护理保险基金由政府、企业、个人和医疗保险机构四方共担。其中政府承担1/3以上,其余由企业和个人各负

[①] 郝君富、李心愉:《德国长期护理保险:制度设计、经济影响与启示》,《人口学刊》2014年第2期;全国老龄办国际部:《德日两国长期护理保险制度比较——陈传书常务副主任率团访问德国、丹麦考察报告》,http://www.cncaprc.gov.cn:8080/guoling/15275.jhtml。

担50.0%。保税按个人税前工资计算，政府统一规定税率。随保家属不用另交保费，失业人员保费由劳工局支付，退休人员保费由退休人员和养老保险机构共同负担，以法定养老金和其他收入作为筹资计算基础。

三是受益需接受评估和分级。从受益来看，虽然德国长期护理保险体系实现了受益范围的全面覆盖，但是否可获得保险受益取决于受益人是否具有真实的护理需求，且受益水平与保费支出规模无关（保费为雇员总收入的固定比例，且绝对金额将随收入增加而增加）。德国建立了一套受益资格认定办法，如果申请人通过了受益资格审核，并被确认为具有长期护理服务需求，还需要进一步被认定需要什么程度的护理需求进而被划归为不同程度的受益级别。受益级别划分主要取决于其所需要的护理时间和护理频率。其中，一级护理每天至少需要一次、至少90分钟的日常生活护理服务；二级护理每天至少需要三次、至少3个小时的日常生活护理服务；三级护理是最高级别的护理，需要24小时不定次数、至少5个小时的日常生活护理服务。据统计，89%的家庭护理者和77%的护理院护理者被分类为一级或二级护理级别，其余少部分的有重度护理需求的被划归为三级护理级别。

四是鼓励家庭护理与成本控制。德国长期护理保险体系的受益方式分为三种，即对非正式家庭护理人的现金支付、对专业家庭护理机构的非现金支付、对专业护理院机构的非现金支付。三种受益方式每月的支付金额根据受益级别分别设有上限，受益级别越高，所获得的受益金额越高，在护理院接受护理的受益金额整体上高于家庭护理的受益金额。受益人可自主选择家庭护理或护理院机构护理的受益方式，但德国长期护理保险制度受益方式制度设计的基本原则为"家庭护理优先于护理院护理"，强调以疾病预防和康复为主的家庭护理服务，限制不必要的护理院机构化护理。同时，为了控制成本，长期护理社会保险只对受益人提供护理成本的部分覆盖,所有的受益人每月获得的保险受益金额均有上限规定,多出部分由受益人自己承担。

②日本经验。

一是按年龄段划分保险者类型。日本参加长期护理保险的主体分为两类:第一类称为第 1 号被保险者,是指 65 岁及以上的所有老年人,只要有护理需求,保险权自然产生;第二类称为第 2 号被保险者,是指加入医疗保险的 40 岁至 64 岁的人,并被确诊患有指定疾病范围、需要生活护理或需要支援者。日本的长期护理保险覆盖人群相对有限,更多考虑的是老年人。

二是日本长期护理保险由被保险者和国家、地方政府共同出资,由地方政府具体负责实施。第 1 号被保险者缴纳与自己收入水平相对应的固定金额的保险费,低收入者可以根据具体收入水平减免保险费。第 2 号被保险者的保险费与本人的医疗保险费并收,通过所就职单位统一上缴给各医疗保险机构,实行全国统筹,形成独立的社会保险诊疗支付基金。各医疗保险机构提供 64 岁及以下第 2 号被保险者一定比例的医疗护理费用(占总费用的 33%),所需费用的 50% 由被保险者缴纳的保险金负担,如果保险金不足 50%,不足部分由国家从国民健康保险及其他保险费(社会保险诊疗支付基金)中进行调节;另外 50% 由国家、都道府县、市町村 2∶1∶1 分担。另外,根据老年人口比重不同,不同区域的被保险者缴纳保险费为基准额乘以 0.5 至 1.5 的系数。

三是给付补贴具有严格程序且以直接向被保险人提供护理服务为主。与德国类似,日本的护理补贴申请也具有严格的程序:被保险者需先向市町村政府管理部门提出护理申请,之后市町村派出认定调查员对申请人进行访谈调查,作出首次认定,然后由市町村委托主治医生对被申请人进行体检,由其提出审查意见,最后由市町村护理认定审查委员会根据上述两次调查作出二次认定。认定结果分为四类：重新调查；有自理能力，不能接受护理服务；要支援，但只能接受居家护理服务，不能利用老年人护理设施；要护理，并根据轻重程度分为护理一档、护理二档、护理三档、护理四档和护理五档。审核通过之后，将直接向被保险人提供护理服务，现金给付所占比例极少。日本还规定，原则上每隔半年必须重新接受一次专家认定。当前，日本给付的护理服务类型基本上分为两种：第一种是需要支援状态，即居家服务，包括：生活护理、看护、康复、助浴、寓所疗养管理指导、保健服务、用具租借、住宅改建、老年公寓特定护理，等等。第二种是需要护理状态，主要包括范围是：卧床不起、痴呆等原因，平常需要生活护理者，可享受居家或者设施服务，除居家服务外，还包括：护理老年人福利设施、老年人护理健康设施、医院护理、疗养病房、强化生活护理医院等。与德国相比，日本给付的服务种类多，而且包含了疗养管理指导、康复训练等医疗保健服务。

3. "十四五"中国人口老龄化的趋势

（1）老年人口规模急速扩大，30年后达到峰值

未来30年中国老年人口规模将急速扩大，21世纪中叶后将平缓下降（见图0-1）。根据《世界人口展望（2019）》中方案预测数据并结合现有数据进行修正，按照60岁及以上和65岁及以上两个统计口径进行老年人口规模的测算。60岁及以上老年人口方面，2020年为2.56亿人，2025年达到2.99亿人，2030年达到3.64亿人，2035年上升到4.14亿人。2020年到2035年期间共增长1.58亿人，在此期间老年人口以年均1000万人的规模增长。此后，老年人口进入缓慢增长期，2050年继续上升到4.85亿人，2052年到达顶峰，峰值为4.90亿人。峰值过后，老年人口进入缓慢下降期，2100年减少为4.03亿人，近50年时间减少0.87亿人。65岁及以上老年人口变化趋势与

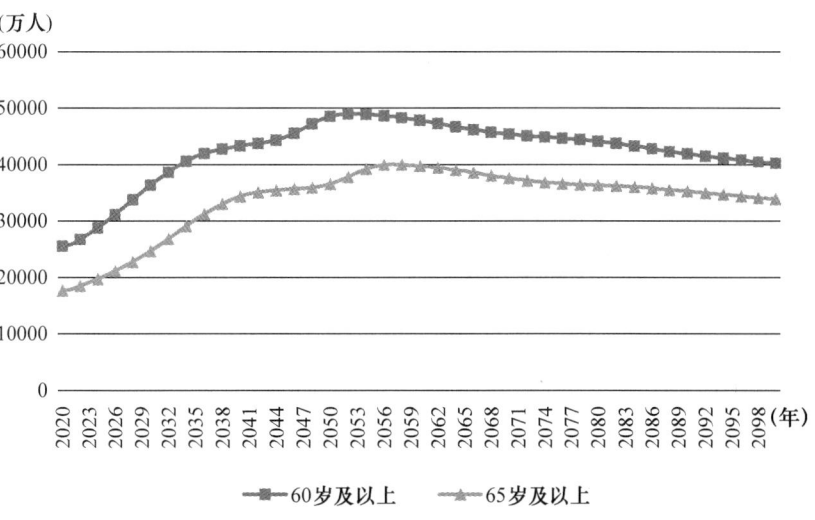

图 0-1 未来中国老年人口变化趋势

数据来源：据《世界人口展望（2019）》和现有数据测算。

60岁及以上老年人口相似，但是峰值要相对滞后。2020年为1.79亿人，2025年突破2亿，达到2.05亿人，2030年达到2.47亿人，2035年上升到3.02亿人，2057年到达顶峰，峰值为4.01亿人。此后也进入缓慢下降期，2100年达到3.39亿人。

（2）老龄化程度不断加深，2035年进入超老龄社会

在现有人口政策不变的前提下，未来很长一段时间中国老龄化程度都将呈现不断加深的趋势（见图0-2）。先看60岁及以上人口的老龄化趋势，2020年老龄化程度为18.17%，2025年达到20.55%，2030年上升到24.83%，2035年继续上升到28.35%。2020年到2035年是中国老龄化急速增长期，此期间增长10.18个百分点。2050年达到34.62%，此时每三个人中就有一位是60岁及以上的老年人。2051年达到顶峰，为35.01%，此后进入缓慢增长期，2100年达到37.82%，50年的时间才增长2.81个百分点。

当前主要发达国家均以65岁及以上作为老年人口的标准，

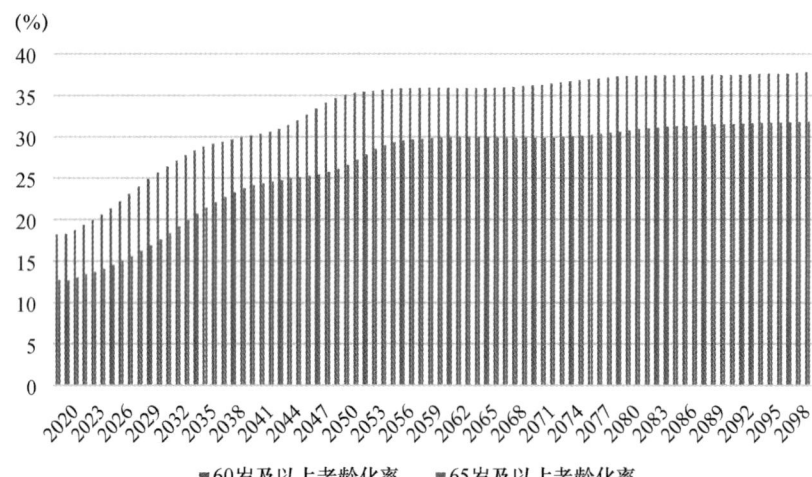

图 0-2　未来中国老龄化程度变化趋势

数据来源：据《世界人口展望（2019）》和现有数据测算。

65岁及以上人口老龄化程度更具有国际比较性。我国2020年老龄化程度为12.71%，比中等偏上收入国家约高1.1个百分点，老龄化程度远低于前三位的日本（28.4%）、意大利（23.3%）、葡萄牙（22.8%），也低于排名第38位的韩国（15.8%）。2025年达到14.03%，2030年上升到16.87%，2035继续上升到20.68%。根据联合国的标准，一个国家或地区65岁及以上老年人口占总人口比重超过20%则进入"超老龄社会"（super-aged society），这说明2035年中国将进入超老龄社会。2050年我国老龄化程度为26.07%，和主要发达国家老龄化程度相当。此后也进入缓慢增长期，2100年达到31.85%。

（3）高龄老年人规模不断增大，占总人口比重提高

高龄老年人是指年龄在80岁及以上的老年人。一般来说，高龄老年人生活自理能力差或不能自理，患痴呆症比重较大，大多数高龄老年人需要家庭和社会向他们提供经济帮助、医疗服务和生活照顾。未来高龄老年人口规模和高龄老年人口占总人口比重呈现急速增长的趋势，21世纪中叶后波动上升。首先

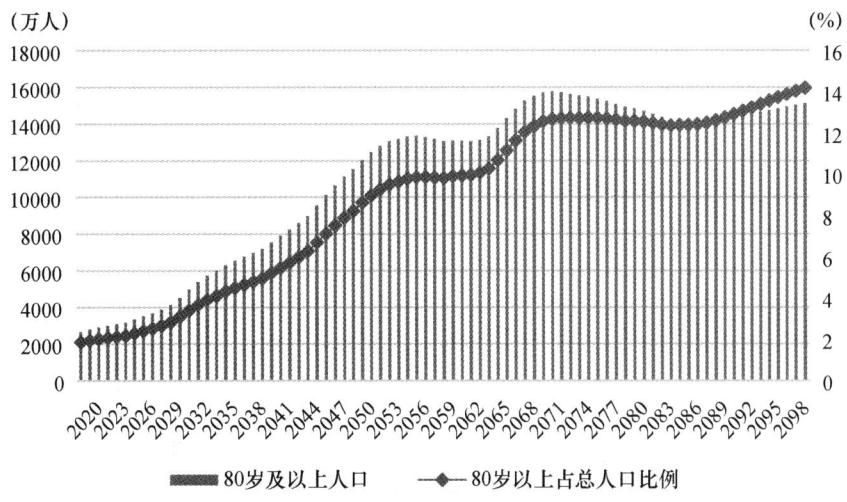

图 0-3 未来中国高龄老年人变化趋势

数据来源：据《世界人口展望（2019）》和现有数据测算。

看高龄老年人的人口规模，2020 年高龄老年人为 0.27 亿人，2025 年达到 0.31 亿人，2030 年上升到 0.41 亿人，2035 年继续上升到 0.60 亿人，2050 年达到 1.15 亿人，2020 年到 2050 年高龄老年人平均每年增长近 300 万人。2057 年后，高龄老年人进入波动增长期，2100 年达到 1.51 亿人。与此同时，高龄老年人占总人口比例也呈现不断增长的趋势，2020 年仅为 1.85%，2025 年达到 2.16%，2030 年上升到 2.81%，2035 年继续上升到 4.10%，2050 年为 8.22%，此后高龄老年人比重波动上升，2100 年达到 14.19%。

（4）老龄化的地区差异拉大，局部地区陷入"老龄化陷阱"

目前中国老龄化地区差异已经十分明显，未来可能进一步加大。通过整理 2018 年各地国民经济和社会发展统计公报发现，已有辽宁、山东、上海、四川、重庆和江苏等 6 个省份 65 岁及以上人口占比在 14% 以上，已经进入"深度老龄化社会"，而广西、宁夏、福建、广东等 5 个省份 65 岁及以上人口占比在

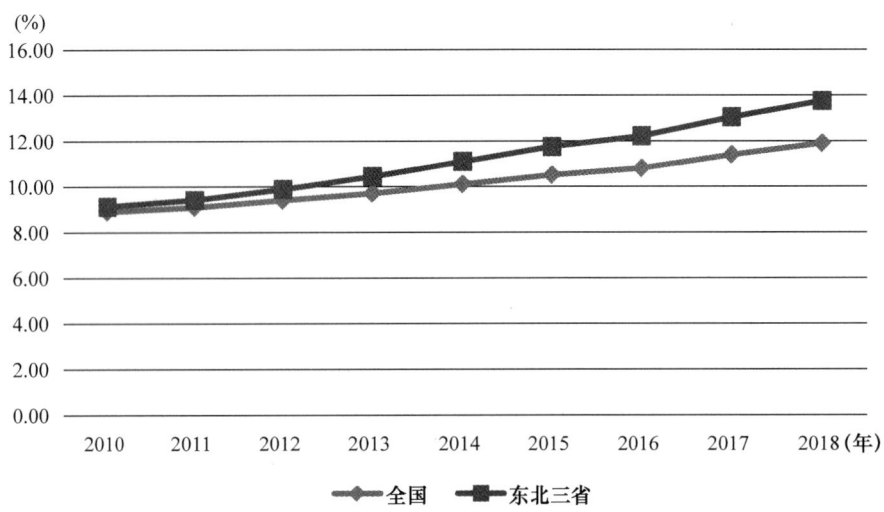

图 0-4　全国和东北三省老龄化趋势对比（65 岁及以上人口占比）

数据来源：据《中国统计年鉴》和东北三省统计年鉴计算。

10% 以下，差距达到 4 个百分点，反映出当前老龄化的地区差异。通过历年老龄化趋势的分析可以展望未来。以东北三省为例，东北三省 65 岁及以上人口占比和全国相比呈现逐渐拉大的趋势（见图 0-4）。2010 年，东北三省 65 岁及以上人口占东北三省总人口比例为 9.13%，同年全国 65 岁及以上人口占比为 8.90%，东北三省比全国高 0.23 个百分点。此后几年，东北三省和全国老龄化比例差距越来越大，2018 年东北三省老龄化率为 13.76%，而同年全国为 11.90%，相差 1.86 个百分点，差距是 2010 年的 8 倍多。随着东北三省人口的持续流出，生育率持续走低，未来东北三省的老龄化程度将会更加严重，和全国的差距也将会越来越大，可能陷入"老龄化陷阱"（Aging trap）。"老龄化陷阱"是指老龄化程度越高，经济越可能疲软，经济疲软导致就业机会减少，年轻人只能流出去外地工作，然后又加剧老龄化程度的现象。

4. "十四五"时期中国老龄工作发展环境

(1) 政策和社会整体氛围更加优良

满足老年人多方面需求、妥善解决我国人口老龄化带来的社会问题，是实现"两个一百年"奋斗目标、"五位一体"总体布局和"四个全面"战略布局的重要一环，事关国家发展全局，事关亿万百姓福祉。养老服务事业紧连民心，关系到所有家庭和每个人特别是老年人的切身利益，民心是最大的政治，养老服务发展事关民心向背、事关党的执政根基、事关社会主义制度优越性的体现。

"十三五"期间，党中央高度重视养老服务工作，对积极应对人口老龄化、发展养老服务做出系统谋划。"十四五"期间，随着人口老龄化的不断深化，老年人口规模不断增长，对政治、经济、文化、社会和国际竞争力的影响作用更大，党中央和社会各界将更加关注，既对养老服务提供更加良好的发展环境，也将提出更加繁重的发展要求。

(2) 物质基础总体向好

宏观经济发展的机遇与挑战并存。"十四五"期间，中国经济将由中高速增长阶段转向高质量发展阶段。根据中国社会科学院人口与劳动经济研究所有关专家预测，"十四五"时期平均潜在增长率比"十三五"时期减少约1个百分点，按此发展速度，中国的人均收入水平将从目前的"中高收入"国家迈入"高收入"国家行列。随着供给侧结构性改革深化，各类产品和服务供给将更加丰富、结构更加合理、质量更加优良，将为养老服务发展提供更加有力的支撑。同时，也存在挑战，突出表现为养老投入和支出同步增加。老年人口的总量增加和占比提高，增大了社会保障和公共服务压力，增加了个体和家庭用于养老的支出，压缩了其他生活和消费支出。同时，在人口老龄化背景下，人口红利逐步下降，对经济高质量发展带来挑战。

养老产业带来新增长点。老年人口比重的增加带来老年群体消费总量占GDP的比重加大，发展适合老年人需求的产品和服务，将激发老年人消费市场，充分拉动内需，为经济社会持续、高质量发展提供重要动力；在劳动参与方面，随着"健康中国"战略的实施，到2025年，慢性病危险因素得到有效控制，居民健康寿命逐步提高，实现全人群全生命周期健康管理，居民重点慢性病核心知识知晓率达到70%，低龄健康老年人成为社会、经济、文化、科技发展、产业调整不可忽视的重要因素。

科技进步带来新支撑条件。现代科学技术的不断进步及其在养老中的推广应用，将为养老服务发展提供创造性问题解决方案。面对家庭结构的小型化以及老年人独居化、空巢化，智慧养老技术和服务，将为满足老年人安全保障、健康监测、社会联系、护理康复等多层次需求提供技术支持，实现服务的低成本化和个性化。互联网、物联网、大数据、云计算、区块链等信息技术的发展，为促进供需精准对接、实现养老服务资源的整合与优化配置提供更好的解决方案，更好地实现养老资源的配置优化，节省照料成本，提高服务效率。

（3）人口形势更加严峻

持续维持低生育水平。由于受经济社会发展、育龄妇女减少和生育意愿降低等因素影响，中国进入低生育阶段。在当前生育趋势下，"十四五"期末前后将出现人口负增长，有部分国内学者认为中国人口可能于2024年达到峰值，届时人口总量预计为140945万人，从2025年开始人口进入负增长；部分学者则认为如果总和生育率维持在1.6，全国性人口负增长将于2027年到来。

老龄化程度不断提高。"十四五"时期，中国将进入中等人口老龄化社会。根据国家统计局数据，截至2019年底，全国60周岁及以上人口为25388万人，占总人口的18.1%，其中65周岁及以上人口 17603 万人，占总人口的 12.6%。北京大学人口研究所乔晓春教授根据 2010 年第六次全国人口普查和 2015 年全国 1% 人口抽样调查数据，以及 2019 年国家统计局公布数据，预计到 2025 年底，全国 60 周岁及以上老年人为 31169 万人，占 22.1%；65 周岁及以上老年人为 21461 万人，占 15.2%；80 周岁及以上老年人为 4085 万，占 2.9%。联合国人口司《世界人口展望（2019）》预计到 2025 年底，我国 60 周岁及以上老年人为 29956 万，占总人口的 20.5%；65 周岁及以上老年人为 20457 万，占总人口的 14%，80 周岁及以上老年人为 3150 万，占总人口的 2.2%。从双方预测看，到 2025 年 60 周岁及以上老年人占总人口比例均超过 20%。同时，失能老年人数量增加，根据国家统计局 2015 年全国 1% 人口抽样调查结果，失能老年人比例为 3%，身体不健康但能够自理比例为 14%，推算 2025 年我国失能、半失能老年人将达 5000 多万人。失能老年人口的不断增长，给全社会养老带来严峻挑战，失能老年人长期照护的供需矛盾问题将成为社会焦点问题。

家庭结构继续深刻变化。突出表现为家庭规模小型化、少子化，受计划生育政策、晚婚、不婚、不孕不育、离婚率提高等因素影响，我国家庭户规模呈持续下降趋势，丁克家庭、单身家庭、单亲家庭数量增加。同时，随着现代化、工业化、城镇化进程，大量劳动力特别是青壮年人口从农村流向城镇，从小城镇流向大城市，直接导致空巢、独居、留守老年人家庭数量大幅增加。根据原国家卫生计生委《中国家庭发展报告（2015）》，核心家庭户占中国家庭户总数的六成以上，居民家庭户的平均规模为 3.02 人，中国独居和空巢老年人占老年人总数的一半，并呈增加趋势。根据北京大学国家发展研究院健康老龄与发展研究中心主任曾毅教授预测，到 2025 年，65 周岁及以上一人户将达到 2800 万户，15—64 周岁一人户将达到 9200 万户。

（4）需求缺口更加凸显

从老年人自身养老需求看，随着人口老龄化程度不断深化，庞大的老年人口将激发巨大养老服务需求。同时，伴随我国经济社会发展和主要矛盾变化，老年人的需求结构已从生存型向发展型转变且差异化趋势更加明显。老年人口结构正在发生深刻变化，受教育程度提高、对健康的关注和需求加大。老年人越来越追求物质生活的好品质、精神生活的高品位、社会生活的深参与；消费理念已经从过去的生存必需型消费向发展型、康养型消费转变；服务需求已经从过去的简单生活照料需求向多层次、多样性、个性化需求转变；老年人社会角色已经从过去被动接受照顾型向主动寻求社会参与型转变，更加渴望丰富、多彩、有价值、富有尊严的晚年生活。

从补齐服务短板需求看，亟须加大养老服务床位建设力度，同步调整床位结构。根据我国老年人养老习惯，参考北京、上海等地老年人养老方式，考察当前1%老年人口的养老机构入住率，同时，考虑该入住率是否与养老机构布局不科学、设施与服务不完善等因素相关，从而限制了老年人入住，按3%的老年人入住养老机构计算，到2025年全国养老床位大约需要940万张，与当前实际相比，缺口在240万张左右；如加大居家社区养老床位建设改造力度，可以有效减轻养老机构床位建设压力，进一步提高资源使用效率。同时，针对失能老年人护理刚性需求，要加大护理型床位改造力度，提升护理型床位占比。

从发展中国特色养老服务体系看，以兜底保障特困人员、以补贴支持低收入和经济困难群体、以基础设施供给支持提供普惠性服务是发展人人可享有的基本养老服务的可行路线，同时亟须加大养老服务设施供给。目前，特困人员可以通过特困供养机构实现兜底保障，低收入和经济困难群体可以享受到一定的养老补贴，但一般老年人面临机构住不起、优质服务用不到的困难，直接原因是家门口的养老设施不足、优质的养老机构收费过高,根本原因则是养老服务用地、设施等成本过大,导致运营主体经营成本居高不下。因此,应当继续发挥改革开放以来以投资带动消费的基本经验,借鉴医疗、教育等方面经验,由政府投资吸引社会资本建设国有资产属性的养老服务设施,采取政府指导价等方式委托社会力量经营,既可以保证国有资产不流失,扩大养老服务供给,又能帮助养老机构降低成本,间接补助养老服务消费,为普通老年人享受优质养老服务提供支持。这种方式既能促进养老床位发展,形成固定的养老服务阵地,也能避免养老机构获得财政补贴后由于运营不善等原因出现的倒闭及资产流失的风险;另外,与发达国家较多采用高额现金补贴等方式相比,以固定资产投资方式间接补助了老年人,同时拉动了经济增长,具有以资产建设提高老年人普惠性福利的特点。

5. 中国应对人口老龄化的优势和挑战
(1) 中国应对人口老龄化的优势明显

第一,积极应对人口老龄化的制度优势和大国优势体现为集中力量办大事。一是应对人口老龄化问题的本质应该是发展问题,这凝聚了全党、全社会的共识;改革发展永远不止步,也就为我们应对人口老龄化提供了重要的经济基础。二是中共中央、国务院对这一问题高度重视,多次作出重要指示,在多次讲话当中都提到了老龄化问题,中共中央政治局第32次集体学习也专门学习了老龄问题。党的十九大报告、"十三五"规划等都对积极应对人口老龄化问题作出了重要部署。三是不断加强顶层设计,党的十八大以来,有人做过统计,我们国家级和省级出台关于应对人口老龄化的文件和规划、战略等不下300份。

第二,老龄社会的本质问题是经济问题,这样的共识基本达成。积极应对人口老龄化需要不断增强经济实力,这个经济实力要靠经济的不断发展来解决。党的十九大对于未来的经济发展已经作出了明确的战略指导。比如说创新、绿色、协调、开放、共享的新发展理念以及深化供给侧结构性改革、加快建设创新型国家、实施健康中国等一系列的战略部署，使我们国家能够实现从富起来到强起来这样一个总体的飞跃。这对我们国家提高发展效率，积累发展实力，为人民谋福祉奠定了更好的基础。

第三，老龄社会的人口红利还继续存在。我们在讨论老龄问题时，更多把眼光放在老年人问题上，实际上我们要看到的还有另外一些机会。一是人口老龄化最快发展的时期恰恰是劳动力供给最为丰富的时期，从现在到2050年，60岁及以上的老年人口从2.5亿增长到接近5亿，将近翻一番。与此同时，15到59岁的劳动年龄人口从现在的9.1亿减少到7.2亿，仍比改革开放初期1978年的劳动总量多1.8亿，劳动力供给依然比较丰富。二是人口综合素质大幅度提高。人力资源大国正在向人力资本大国转型，健康条件的改善使预期寿命达到77.3岁，新生儿死亡率降到3.4‰，这两个指标基本上已经超过了中高收入国家的平均水平。15岁及以上的平均受教育年限达到9.6年，受过普通高等教育的人口比重达到了总人口的12.5%。尤其是年青一代，20—29岁受过高等教育的人口占34%左右，这是非常大的进步。三是老年人力资源开发潜力巨大，健康寿命的延长对老年人口的经济参与提供了基本保障。在这样的大背景下，我们应该有条件、有准备、有信心应对老龄化时代。

（2）中国应对人口老龄化的挑战

"十三五"时期养老服务工作虽然取得了一些成绩，但与人口老龄化发展形势、中共中央、国务院要求和老年人日益增长的养老服务需求相比，我国养老服务发展还存在立法和顶层设计尚不完善、供给体系不够协调、投入保障有待加强、监管体系不够完善、人才与技术支撑不足等问题。

一是老龄服务和产品供给体系不够协调。家庭养老支持政策较为缺乏，按老年人健康状况变化的接续性服务供给不足、衔接不畅,医养康养相结合措施需要进一步优化。居家和社区养老服务基础比较薄弱,社区普惠优质养老服务供给不够,养老服务机构的专业化水平不足、可持续发展能力弱,应急处置能力不足、救援体系建设滞后,护理型床位占比不高,居家、社区和机构养老相协调格局未全面形成。

养老机构入住率不高。目前中国老年人中只有极少数住在养老机构,且养老机构的床位使用率不高,绝大多数的老年人更愿意接受居家和社区养老服务,养老机构的结构性矛盾等原因导致目前养老机构入住率不高。根据2019年《民政统计年鉴》,全国养老机构入住率为52.1%,空置率达47.9%。根据2019年全国养老机构业务管理系统的数据,中国36185家养老机构总床位4240982张,共入住2145964人,仅占老年人口的0.9%,且养老机构现有的床位入住率为50.6%。另根据北京市2016—2017年养老服务设施普查数据,458家养老机构入住41083名老年人,占北京市60岁及以上老年人的1.3%。其中11%的养老机构是一床难求,50%的养老机构入住率不到50%,20%的养老机构入住率不到20%。入住率高的养老机构一般处于城市中心区,民办非营利机构较多,环境条件好、收费相对较低且服务质量较好。

区域和城乡发展不平衡。中西部地区与东部地区差异大,农村发展滞后于城市。特别是农村低保、特困和建档立卡贫困户家庭老年人数量多,在全面脱贫后,兜底保障任务仍然十分繁重;农村空巢、留守、贫困老年人数量庞大但社会保障水平较低,农村养老保险支付水平偏低;与需求相比,农村养老服务设施数量不足、质量不高,特别是失能老年人的专业化照护需求得不到有效满足,目前农村机构养老主要是依靠农村特困供养机构(敬老院),截至2019年底,全国共有农村特困供养机构(敬老院)两万家,其中已进行法人登记的1.6万家,登记率为80%,已登记敬老院共有床位165.32万张,按全国3.02

万个乡镇计算,平均每个乡镇只有0.66家敬老院,乡镇层面服务设施不足。特别是,考虑农村实际老龄化率情况下,农村服务供给更显严峻,根据《中国人口和就业统计年鉴(2019)》抽查数据推算,截至2018年11月,我国农村老年人口占农村人口的20.5%,约有1.16亿。

二是老龄事业投入保障有待加强。中央财政与地方财政的职责需进一步划清,养老服务财政投入严重不足,中央财政性投入与亿万老年人养老服务需求相比差距巨大。长期照护保险制度尚未全面建立,开展长期护理保险地区的老年人长期护理补贴标准偏低,专业化长期照护服务供给不足。

同时,老年人支付能力不足是限制养老服务消费的根本原因。根据国家统计局2019年《中国统计年鉴》,2018年我国城镇居民人均可支配收入为3270.9元/月;按照区域划分,东部地区城镇居民人均可支配收入为3869.4元/月,中部地区为2816.9元/月,西部地区为2782.4元/月,东北地区为2749.5元。农村居民人均可支配收入为1218.1元/月;按照区域划分,东部地区农村居民人均可支配收入为1523.8元/月,中部地区为1162.8元/月,西部地区为986.0元/月,东北地区为1173.4元/月。从养老机构实际收费看,城乡养老机构对失能对象的月均收费水平都高于人均可支配收入水平。另根据北京市2016—2017年养老服务设施普查数据,考虑到老年人收入情况和养老机构收费标准两个影响因素,在北京需要别人照护的老年人可能选择养老机构的潜在比例最多不超过1.6%。

三是监管体系比较薄弱。在取消养老机构行政许可后,相关标准规范不完备,有关综合监管机制不够完善,统筹居家、社区和机构养老服务的综合监管体系尚未建立。监管工作力量,特别是基层监管工作人员缺乏,监管手段比较落后,新技术应用仍不普遍。

四是人才与技术支撑不足。养老服务、老年用品、健康管理、社会工作等相关专业人才严重缺乏。现阶段开设养老服务相关专业的院校数量较少，养老护理员大规模培训刚刚起步，养老护理员职业技能评价制度尚未建立。同时，养老服务技术和产品支持不够，"互联网+"、智慧养老等产品和服务处于起步阶段，作为提升养老服务水平、降低护理强度的老年用品在养老服务中的应用比例较低，缺乏针对机构、社区和居家不同场景下的老年用品指导目录，国产老年用品种类少、产品技术含量低。

（三）中国老龄产业发展的理论基础

老龄领域发展传统上统归老龄事业范畴，"十一五""十二五""十三五"分别编制了老龄事业发展专项规划。随着中国经济社会发展，人民群众对多层次服务和产品需求日益旺盛，公共服务供给主体和供给方式不断丰富，市场化业态和创新形式逐渐多样，老龄产业已经呈现出旺盛的发展态势。老龄产业不是新生事物，但支撑老龄产业发展的要素又不同于传统上发展老龄事业的政策制度环境，需要对其发展脉络和理论逻辑具有清晰的认识，并以此为依据推动老龄产业健康良性发展。

1. 对产业的界定

在产业经济学中，产业是一个相当模糊的概念。英文中的"产业""工业""行业"等都可以称为"Industry"。产业作为产业经济学的研究对象，一般界定为两层含义。在产业组织层面上，当用于分析同一产业的企业间市场关系时，"产业"是指"生产同类或有密切替代关系产品、服务的企业集合"。在考察整个产业的状况以及不同产业间的结构与关联时，产业定义则更为宽泛，"产业"可以界定为"具有使用相同原材料、相同工艺技术或生产产品用途相同的企业的集合"。可以看出，产业经济学理论对产业的界定遵从"理论严密性服从现实可用性"的原则。

在中国话语体系中，产业的概念更为简略，也更加模糊，其定义服从于使用语境。《辞海》对产业的定义包括，一是指土地、房屋、工厂等财产。如，变卖产业。二是社会的生产。如，产业工人、第三产业。而且，"产业"往往与"事业"对应，用于不同的场合。《辞海》对事业的定义包括：一是人的经营成就；二是重要工作；三是耕稼和劳役之事；四是具有一定目标、规模和系统，关乎社会发展的活动；五是特指没有生产收入，由国家经费开支的社会工作，如事业单位。

2. 对老龄产业的界定

（1）政府层面对老龄产业的使用

伴随着中国人口老龄化的进程，"老龄事业""老年服务业""老年产业""老龄产业""老龄服务业""养老服务业""养老体系""养老产业"等词语曾先后出现在政府文件中，用于指代为老年人服务的全部或部分工作内容。

1994年，国家计委、民政部等部门联合印发《中国老龄工作七年发展纲要（1994—2000年）》，使用了"老龄事业"一词，涵盖"老年法规""社会养老保障体系""老年医疗保健康复事业""老年社会参与""老年教育""老年文体生活""老年福利设施""老年福利企业""老龄科学"等内容，即老龄工作的方方面面。

2000年，中共中央、国务院印发《中共中央、国务院关于加强老龄工作的决定》（以下简称《决定》），在沿用"老龄事业"指代老龄工作的基础上，细分领域首次提出了"老年服务业"的概念，指出"坚持政府引导与社会兴办相结合，按照社会主义市场经济的要求积极发展老年服务业"，以及"老年服务业的发展要走社会化、产业化的道路"。《决定》中的"老年服务业"涵盖"社区老年服务""老年福利院、老年护理院、老年公寓、托老所等服务""老年医疗保健服务""老年文化体育事业""老年教育事业"。

2001年,《国务院关于印发中国老龄事业发展"十五"划纲要的通知》(国发〔2001〕26号),也沿用了"老龄事业"指代全部老龄工作,强调"老年服务业走社会化、产业化道路",并首次使用"老年产业"的概念,提出"鼓励社会团体、民办非企业单位、私营企业和国内外人士投资老龄事业,发展老年产业,满足不断增长的老年群体对设施、产品与服务的需求"。

2006年,《中国老龄事业发展"十一五"规划》(全国老龄委发〔2006〕7号,以下简称"'十一五'老龄规划")正式印发实施。"十一五"老龄规划沿用了"老龄事业"指代全部老龄工作,并首次使用"老龄产业"的概念。"老龄产业"的外延得到界定,涵盖养老服务业、老年用品和老年服务产品、老年消费等。

2011年,《中国老龄事业发展"十二五"规划》(国发〔2011〕28号,以下简称"'十二五'老龄规划")正式印发实施。"十二五"老龄规划沿用了"老龄事业""老龄产业"的概念,并进一步扩大和细分了"老龄产业"的外延,涵盖老年用品用具、特色护理、家庭服务、健身休养、文化娱乐、金融理财、老年旅游服务等。

2013年,《国务院关于加快发展养老服务业的若干意见》(国发〔2013〕35号,以下简称《意见》),对养老服务业发展进行了专门阐述。《意见》指出,"养老服务业"以老年生活照料、老年产品用品、老年健康服务、老年体育健身、老年文化娱乐、老年金融服务、老年旅游等为主。

2017年,《国务院关于印发"十三五"国家老龄事业发展和养老体系建设规划的通知》(国发〔2017〕13号,以下简称"'十三五'老龄规划"),沿用了"老龄事业"的概念,并首次使用了"养老体系"的概念。"十三五"老龄规划中"养老体系"的外延既包括养老服务体系,也涵盖了社会保障体系、健康支持体系、老年用品和服务市场体系等支撑老年人生活需求的体系框架。

2020年,国家统计局正式印发《养老产业统计分类(2020)》(国家统计局令第30号),首次在官方层面系统全面地界定了"养老产业"。养老产业,是以保障和改善老年人生活、健康、安全以及参与社会发展,实现老有所养、老有所医、老有所为、老有所学、老有所乐、老有所安等为目的,为社会公众提供各种养老及相关产品(货物和服务)的生产活动集合,包括专门为养老或老年人提供产品的活动,以及适合老年人的养老用品和相关产品制造活动。"养老产业"范围确定为:养老照护服务,老年医疗卫生服务,老年健康促进与社会参与,老年社会保障,养老教育培训和人力资源服务,养老金融服务,养老科技和智慧养老服务,养老公共管理,其他养老服务,老年用品及相关产品制造,老年用品及相关产品销售和租赁,养老设施建设等12个大类。

表0-1　　　　　　　养老产业的业态内容

产业分类	产业业态	业态内容
第二产业	制造业	老年用品及相关产品制造
	建筑业	养老设施建设
第三产业	服务业	老年用品及相关产品销售和租赁
		养老照护服务
		老年医疗卫生服务
		老年健康促进与社会参与
		老年社会保障
		养老教育培训和人力资源服务
		养老金融服务
		养老科技和智慧养老服务
		养老公共管理
		其他养老服务

(2) 准确理解老龄产业相关概念的三个要点

①这是一个与时俱进的概念。

中国经济社会和老龄化程度均呈现出快速发展的态势，由此决定了老龄工作总体上处在一个较快迭代更新的状态。老龄化提升速度较快，叠加城乡形态明显变迁，促使全社会养老需求快速增加，城乡区域养老需求发生较大变化。居民收入水平持续提高，推动补缺型、基本型养老需求快速转向升级型、多元化养老需求。与之相适应，中国"老龄产业"的内涵及外延是不断丰富扩展、动态演变的。比如，养老照料服务从基本的生活照看升级到照料护理、心理慰藉，老年医疗服务从单一的疾病治疗升级到全生命周期的健康管理。因此，我们不应完全框定固化老龄产业的外延，而要顺应养老需求快速发展的趋势，开放性探索满足老年人需求的新业态新模式。

②这是一个涉及政府和市场关系的概念。

改革开放之前，中国老龄事业基本上是由政府大包大揽的，市场力量微乎其微。随着中国老年人口持续攀升、养老需求日益多元化多层次，政府无法继续提供足够的养老服务和产品。顺应我国社会主义市场经济体制改革的大潮流，老龄事业领域也启动了市场化产业化的步伐。在社会主义市场经济体制下，政府往往负责提供保基本、兜底线的养老服务和产品。一方面是因为政府财力有限，仅能够覆盖特困老年人群体的养老需要，不得不考虑将非基本、提升型养老需求通过市场方式来提供。另一方面是因为市场提供多元化多层次养老服务和产品更有效率。因此，在我国现实情况下，探讨"老龄产业"的内涵和外延需要兼顾政府和市场关系，抓住老龄工作改革发展的趋势，反映更好发挥政府作用、更多激发市场活力的政策取向。

③这是一个事业产业融合发展的概念。

中国社会主义性质决定了公办养老机构在老龄工作中将发挥重要作用。公办养老机构长期占有优质土地资源、低廉资金来源以及政策优势，已经成为中国养老服务领域的主要供给力量和优质供应主体。城市公办养老机构大多地理位置佳、硬件设施好、服务水平高，一床难求现象比较普遍。2018年，公办养老机构床位数达173.7万张，占机构养老床位数的45.8%。这种"公办占主体"的供给结构决定了中国短期内不具备全面推行"公办负责兜底线、社会负责促发展"的现实基础，公办养老机构在相当长的一段时间内要兼顾特困老年人和普通老年人，提供差异化的养老服务。公办养老机构必须坚持市场化、产业化发展道路，在充分保障特困老年人养老服务基础上，将富余床位向社会老年人公平开放。因此，探讨中国"老龄产业"的内涵和外延，需要坚持事业产业融合发展的原则，稳步推进公办养老机构改革，实施普惠性功能性的养老产业政策，促进各种所有制主体共同发展。

（3）界定老龄产业相关概念

①老龄事业。

"老龄事业"根据使用语境可分为两层含义。一是指应对人口老龄化领域方方面面的重要工作。主要包括：社会保障体系、养老服务体系、健康支持体系、老年消费市场、老年宜居环境、老年友好社会环境、老年人社会参与、保障老年人合法权益。在这类语境中，"老龄"和"养老"基本是通用的，"老龄事业"即"养老事业"，"养老事业"也即"老龄事业"。二是特指由政府财政全额或差额支持的公益性老龄工作。主要包括为老年人提供的基本公共服务事项。

②老龄产业。

"老龄产业"的词眼在"产业"上，是指为老年人提供服务、满足老年人需求的生产活动集合。通常，老龄产业特指采用市场化方式发展的相关产业集合，与老龄事业的公益性特征相区分。

③养老产业。

"养老产业"与"老龄产业"可通用，前者使用相对更广泛些。养老产业既包括为老年人服务的服务业态,也包括养老设施建设的建筑业态,还包括养老用品生产的制造业态。养老产业通常特指采用市场化方式发展的相关产业集合,与养老事业的公益性特征相区分。

④养老服务业。

在"养老产业"概念出现之前,"养老服务业"概念指代为老年人服务的产业集合,可以理解为"为老年人服务的产业",外延涵盖老年生活照料、老年产品用品生产销售、老年住宅、老年公寓等老年生活设施、老年医疗服务、老年体育健身、老年文化娱乐、老年金融服务、老年旅游等。但因为在产业经济学的产业分类中,服务业既不包括老年住宅、老年公寓等生活设施建设(建筑业态),也不包括老年产品用品生产(制造业态),所以严格来说"养老服务业"存在一定的歧义,容易造成误解。这也是2020年国家统计局采用"养老产业"而非"养老服务业"概念的根本原因。

3. 养老产业的具体内容

《养老产业统计分类(2020)》科学界定了养老产业的范围,为下一步核算养老产业增加值的规模和结构提供了坚实基础。

养老产业是对国民经济行业分类中符合养老产业特征相关活动进行的再分类。具体划分原则如下:一是生产产品(货物和服务)的目的是改善、促进、满足老年人养老需求,与养老直接或密切相关;二是以反映我国应对人口老龄化的养老及相关产品供给为基础,充分考虑了提升养老服务质量等养老产业发展政策要求和养老产业新业态新模式,涵盖第二产业、第三产业中涉及养老产业的全部内容;三是产业链的延伸遵循在养老服务业的基础上,延伸至不因物理形态等变化而改变其养老目的和功能的行业。

根据上述原则,养老产业划分为12个大类51个中类79个小类,涵盖第二、三产业,包括以下内容:

一是第二产业包括老年用品及相关产品制造、养老设施建设2个大类,相对应的12个中类、8个小类。

二是第三产业包括养老照护服务、老年医疗卫生服务、老年健康促进与社会参与、老年社会保障、养老教育培训和人力资源服务、养老金融服务、养老科技和智慧养老服务、养老公共管理、其他养老服务、老年用品及相关产品销售和租赁等10个大类,相对应的39个中类、71个小类。

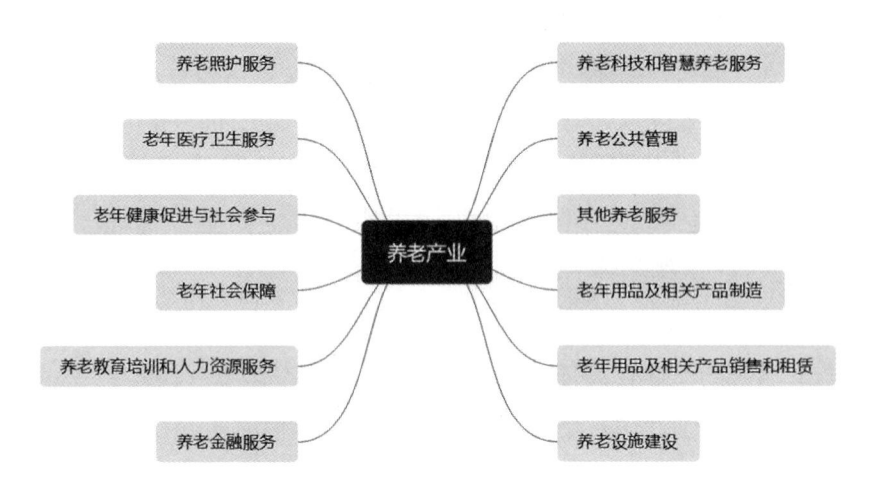

图 0-5　养老产业的业态示意

(1) 养老照护服务

养老照护服务包括3个中类,分别是居家养老照护服务,社区养老照护服务,机构养老照护服务。

(2) 老年医疗卫生服务

老年医疗卫生服务包括5个中类,分别是老年预防保健和健康管理,老年人疾病诊疗服务,老年康复护理服务,安宁疗护服务,其他未列明的老年医疗卫生服务。

(3) 老年健康促进与社会参与

老年健康促进与社会参与包括 5 个中类，分别是老年体育健身服务，老年文化娱乐活动，老年旅游服务，老年健康养生服务，老年志愿服务。

(4) 老年社会保障

老年社会保障包括 5 个中类，分别是老年社会保险，老年人社会救助，老年人慈善服务，老年人社会福利，养老彩票公益金服务。

(5) 养老教育培训和人力资源服务

养老教育培训和人力资源服务包括 3 个中类，分别是养老教育和技能培训，老年教育，养老年人力资源服务。

(6) 养老金融服务

养老金融服务包括 6 个中类，分别是老年商业保险，商业养老保险，养老理财服务，养老金信托，养老债券，其他养老金融服务。

(7) 养老科技和智慧养老服务

养老科技和智慧养老服务包括两个中类，分别是养老科技服务，智慧养老服务。

(8) 养老公共管理

养老公共管理包括两个中类，分别是政府养老管理服务，养老社会组织服务。

(9) 其他养老服务

其他养老服务包括 6 个中类，分别是养老传媒服务，老年法律服务和法律援助，养老相关展览服务，老年婚姻服务，养老代理服务，其他未列明的养老服务。

(10) 老年用品及相关产品制造

老年用品及相关产品制造包括 9 个中类，分别是老年食品制造，老年日用品及辅助产品制造，老年健身产品制造，老年休闲娱乐产品制造，老年保健用品制造，老年药品制造，老年医疗器械和康复辅具制造，老年智能与可穿戴装备制造，老年代步车制造。

（11）老年用品及相关产品销售和租赁

老年用品及相关产品销售和租赁包括两个中类，分别是老年用品及相关产品销售，老年相关产品租赁。

（12）养老设施建设

养老设施建设包括3个中类，分别是养老设施建设、改造及装修维修，住宅适老化及无障碍改造，公共设施适老化及无障碍改造。

4. 当前比较典型的老龄产业业态

（1）康养产业

康养产业，是指与人的身心健康相关的产业体系，包括对健康人群创造和维持健康、对亚健康人群恢复健康以及对患病人群的修复健康，其产业链覆盖全人群、全生命周期，涉及范畴非常广泛，涵盖第一、二、三产业的相关内容。

①定义。

无论在学术领域还是产业领域，目前尚未确立对康养业务的权威定义。在学术界，普遍将"康养"解读为"健康"和"养生"的集合："康"意指"健康"，"养"意指"养生"，重点关注在生命养护之上，用健康和养生的概念来理解康养的内容。在产业界，则倾向于将"康养"等同于"大健康"，重点将"养"理解成"养老"。目前对"康养"的主要理解是"健康+养老"，认为"康养"是"健康"与"养老"的统称。对比来看，不论是学界的"健康+养生"观，还是业界的"健康+养老"观，都把握了"健康"这条主线，两种观念都是基于发展需要出发，关注康养的核心概念和衍生区域，并最终扩展到医疗、保健、旅游、体育、文创、金融、科技等诸多领域。

由于老年人的康养需求更大，很多人从老龄化社会的视角提出：康养要做的就是健康、养生和养老。健康即生理、心理和精神都处于良好状态；养生是以提升生命质量为目标、对身体和心理进行养护；养老则是针对老年人群提供设施保障和服务。

从行为学角度出发，有学者将康养看作一种行为活动，是维持身心健康状态的集合。从更一般的角度来看，"康"是目的，"养"是手段。有研究者将康养定义为：结合外部环境以改善人的身体和心智并促使其不断趋于最佳状态的行为活动。也有研究者将康养产业界定为为社会提供康养产品和服务的各相关产业部门组成的业态总和，以促进身心健康、提升生活质量为目的，以康养为核心特色的服务供给、产品生产和信息传播，涵盖多领域、覆盖全生命周期的综合性产业。

何莽在《中国康养产业发展报告（2017）》中对康养进行了"三维"解读[①]。其认为，从生命的角度出发，康养要兼顾生命的三个维度：一是生命长度，即寿命；二是生命丰度，即精神层面的丰富度；三是生命自由度，即国际上用以描述生命质量高低的指标体系。可见，康养的核心功能在于尽量提高生命的长度、丰度和自由度。目前，人们普遍认为康养服务的对象是老年人群体和亚健康群体，但是在生命长度、丰度和自由度这三个维度下，每个人都可以根据自己的状态在这个体系里找到特定位置。也就是说，从孕幼到青少年，到中老年乃至各个年龄阶层的人群都存在不同程度、不同类型的康养需求。从健康到亚健康，再到病患甚至是需要临终关怀的群体，社会各个群体都有必要纳入康养覆盖的范围。

通常情况下，对于一个新兴产业，过于明确的限制性界定

[①] 何莽主编：《中国康养产业发展报告（2017）》，社会科学文献出版社2017年版，第6页。

往往不利于产业发展和研究进步，只有以开放包容的思想去做更深入的拓展与整合，才能更好地促进一个新兴产业走向成熟。与之观点相类似的是，有研究者认为，在全生命周期视角下，虽然老年人群以及亚健康人群是康养产业的优先服务对象，但健康人群及各年龄阶段人群均对康养产业具有消费需求，特别是在我国人口红利由传统数量型向质量型转型时期，更应逐步培养年轻人的康养理念[①]。

康养产业是在康养需求不断增长的背景下产生的，因此，其本身具有产业经济的一般特征，具备通过市场运作获得价值增值和盈利能力的本质属性。但由于康养产业涉及人们对健康、养老等方面的基本需求，从产业外延来看，康养产业并不是一般意义的产业，会提供部分具有社会福利性特征的公共产品和准公共产品，因此需要政府发挥积极作用实现这些具有正外部性产品和服务的最优配置[②]。

《中国康养产业发展报告（2018）》指出，2018年全国共240余万家康养相关企业，全国康养市场总规模为6.85万亿元，较2017年上升10.5%。报告发现，资本市场对康养领域充满兴趣，2018年全国共有107家上市公司涉足康养产业。

②产业分类。

从学理角度看，可将康养产业划分为本位产业、衍生产业和支撑产业三个维度。其中，本位产业是为了满足不同年龄阶段人群对身心休养、健康保健等基本康养需求的产业，这是康养产业发展的核心内容；衍生产业是为了满足人们对康养产业多层次、个性化的需求，是在本位产业基础上进一步的发展，或是本位产业与其他产业融合产生的新产业；支撑产业是与康

---

① 张胜军：《国外森林康养业发展及启示》，《中国社会科学报》2016年5月16日第7版。

② 丁文珺、熊斌：《积极老龄化视域下康养产业的理论内涵、供需困境及发展路径分析》，《卫生经济研究》2020年第10期。

养产业紧密联系且对康养产业高质量发展具有重要支撑、服务作用的领域。三个维度相互补充，共同促进康养产业的发展。

表0-2　　　　　健康产业在三大产业部门的统计内容

产业分类	主要内容
第一产业	以中药材种植养殖为主体的健康农业、林业、牧业和渔业
第二产业	以医药和医疗器械等生产制造为主体的健康相关产品制造业
第三产业	以医疗卫生、健康保障、健康人才教育及教育促进服务为主体的健康服务业

同时，随着康养产业研究实践的深入推进，其外延还将进一步扩大。

从产业实践角度看，可以把康养产业大致分为侧重养老的养老综合型康养产业、侧重养生的生态养生型康养产业和侧重医疗护理的医养结合型康养产业。

第一，养老综合型康养产业。

医疗、气候、生态、康复、休闲等多种元素融入养老产业，发展康复疗养、旅居养老、休闲度假型"候鸟"养老、老年体育、老年教育、老年文化活动等业态，打造集养老居住、养老配套、养老服务为一体的养老度假基地等综合开发项目，为老年人打造集养老居住、医疗护理、休闲度假为主要功能的养老小镇或者康养社区。同时还能带动护理、餐饮、医药、用品、金融、旅游、教育等产业发展。

第二，生态养生型康养产业。

以原生态的生态环境为基础，以健康养生、休闲旅游为发展核心，重点建设养生养老、休闲旅游、生态种植等康养产业，一般分布在生态休闲旅游景区或者自然生态环境较好的区域。即依托项目地良好的气候及生态环境，构建生态体验、度假养生、温泉水疗养生、森林养生、高山避暑养生、海岛避寒养生、湖泊养生、矿物质养生、田园养老等养生业态，打造休闲农庄、养生度假区、养生谷、温泉度假区、生态酒店/民宿等产品，形成生态养生康养产业体系。

第三，医养结合型康养产业。

医养结合型主要是以中医、西医、营养学、心理学等理论为指导，结合人体生理特征进行的药物康复、药物治疗为手段，配合一定休闲活动的康养产业旅游产品，包括康体检查类产品。

③国家政策。

自2013年以来，中国迎来了第一次养老政策的出台高峰期，仅中央政府和部委一级出台的养老文件就超过130个，从无到有搭建起了养老政策框架和养老服务体系。因此，2013年这一年被业内称为中国养老产业的"元年"。国务院先后出台了《关于加快发展养老服务业的若干意见》《关于促进健康服务业发展的若干意见》《关于促进旅游业改革发展的若干意见》等指导性文件。

国家对人民健康问题高度重视，2015年后相继出台了关于康养产业的支持性、引导性政策。出台了《关于鼓励民间资本参与养老服务业发展的实施意见》，民间资本获准进入养老服务行业。政策意义在于养老服务金融支持力度加大，养老服务业投融资机制得到创新，投融资的渠道得以拓宽。促进医养结合、鼓励金融介入、全面放开养老服务业市场、第一二三产业融合发展等。

2016年，康养产业被多地列入"十三五"规划，并编制了详细的发展战略及指导性政策意见。在细分产业上，森林康养被纳入《林业发展"十三五"发展规划》；康养旅游也迎来了首个规范性文件——《国家康养旅游示范基地标准》，发展渐成气候。此外，2016年国务院及相关部委陆续印发《"健康中国2030"规划纲要》并提出：积极促进建设健康城市和健康村镇，催生健康新产业、新业态、新模式；"大健康+旅游"受到高度关注，同时明确政府承担的养老责任，"健康中国"正式上升为国家战略。

2018年康养产业得到国务院的又一重大战略支持，国务院印发《国家乡村振兴战略规划（2018—2022年)》，开发农村康养产业项目，鼓励村集体建设用地优先用于发展养老服务。中央13部委颁布文件，建设用地可配套5%，四荒地成康养、乡村旅游首选。土地新法的通过，集体土地可直接入市，这是改变城乡土地制度二元结构、推动城乡融合发展的必要措施。

国务院2019年出台政策，拟投入3000亿元专项资金支持"康养+旅游+地产"。同时，国务院关于支持养老、康养项目的土地政策创新改革，集体建设用地无须征地直接入市，优先用于发展养老、康养服务，衔接土地管理法修改，扫清集体经营性建设用地入市的法律障碍。土地政策严控增量的同时，国家鼓励盘活社会资源存量发展养老。2019年3月，国家林业和草原局等5部委联合发布《关于促进森林康养产业发展的意见》并定下发展目标：将在3年内构建起产业布局较为合理的区域性森林康养服务体系；15年内全面建成覆盖全国的森林康养服务体系。"森林康养"从无到有，合理规划和利用我国丰富的森林资源，以强化科技支撑，推进"互联网+森林康养"发展模式，推广运用人工智能、物联网和大数据等技术和装备，实现智慧森林康养。

④主要商业模式。

就商业模式而言，目前康养产业发展大致可分为合作投资模式和全资自筹模式。

合作投资模式指投资商与其他机构合作共同开发养老地产项目，如寿险公司、房地产公司、医疗护理机构等。合作方式可以是业务上的合作，例如：中国人寿与中冶置业的合作协议；也可以是股权方面的合作，例如：保险公司与地产开发商成立新的养老置业股份公司，或者保险公司入股房地产公司。保险公司比房地产商更具有融资运作能力，可以提供长期资金支持和风险管控、咨询，房地产开发商则可以提供开发经验、养老地产规划与技术管理甚至土地，投资收益由双方按照投资比例分配。医疗护理机构也是优质合作对象。医疗护理机构通过多年经营与发展，对老年客户接触深入，了解其市场期望与需求，市场口碑良好，积累了大量忠诚客户，这些资源形成了有效市场定位，更重要的是，医疗护理条件也是养老核心竞争力之一。

全资自筹模式主要指一些资金实力雄厚的大型公司通过自身现有资金或通过其他途径融资扩大自有资金后进行养老地产投资开发。采用全资自筹模式最大的优点在于最具可控性，可以完全按照预先规划的目标制订投资计划并实施，完全将预期想法付诸实践，不必担心与合资方出现决策与管理上的矛盾；二则可以获得全部投资收益。全资自筹模式也有缺点，最大问题在于投资量过大，风险难以控制。

此外，有研究者专门针对森林康养探讨了森林康养的服务模式。从森林康养的发展模式来看，包括"保健型"（通过优美的森林景观达到放松、愉悦效果）、"康复型"（通过森林氛围对慢性疾病发挥康复疗效）、"运动型"（通过在森林中的运动来增强体质）、"文化型"（通过文化体验来陶冶身心）、"饮食型"（通过高品质、高药用价值的食材达到养生效果）等多种模式，每种模式都有其特色。各地可以依托本地林业资源的自然特点、产业基础，在保持原貌基础上加以开发，推动医疗、养老、旅游、文化资源与当地农业、工业等关联产业彼此融合，并在产业链融合的基础上实现集群化、规模化发展。

⑤典型企业。

目前有很多房企、险企、国企开始布局康养产业，表0-3显示了部分资本布局康养产业情况。其业务布局大多与企业自身主营业务有关，例如保利利用房地产资源优势打造老年生活社区，泰康人寿在康养业务中嵌入保险业务等。

表 0-3　　　　　　　　　资本布局康养产业名录（部分）

企业类型	企业名称	业务布局	典型项目
房企	万科	护理型、自理型机构养老社区型养老	随园嘉树、怡园光熙长者公寓、万科幸福汇、杭州万科良渚文化村
	绿城	学院式养老+养老度假	乌镇雅园、颐养公寓
	保利	养老机构+社区养老+适老化	上海保利·西塘安平老年健康生活社区、广州保利中科·和嘉会
险企	泰康人寿	保险养老+高级养老社区	泰康之家养老社区
	中国人寿	跨代型中高端养老养生社区	苏州阳澄湖国寿嘉园
国企	中信国安	养老社区	天下第一城养老小镇
	国投健康	养老地产+医疗服务业+医疗设备制造业	北京国投大夏养老公寓项目广州中成外经大夏养护院
	首开	长照机构	首开寸草亚运村养老项目
	北辰集团	综合养老服务	北辰国际健康城综合体

此外，针对不同的康养产业服务和盈利模式，现阶段也出现了一些典型案例。

模式 1：医疗康复模式

案例 1. 博鳌乐城国际医疗旅游先行区——国家级医疗旅游开发园区

基本简介：2013 年 2 月 28 日国务院正式批复海南设立博鳌乐城国际医疗旅游先行区，并给予九项支持政策。项目位于琼海市嘉积镇城区与博鳌亚洲论坛核心区之间的万泉河两岸，规划面积约 20 平方公里。

运营特点：产业带动效应初显，带动博鳌机场包机客流、博鳌地区会展业和周边餐饮服务业发展。园区落地项目增加近 2000 个就业岗位，2017 年以来，先行区接待就医人员约 2 万人次，接待客商、游客已达 1.8 万人次。

模式特点：国际医疗旅游服务、低碳生态社区和国际组织聚集地项目特色：

①完善的医疗产业链。园区包括世界顶级医院、国际组织基地、高端购物中心、特色体验居住区四大功能区以及由5个医疗养生组团构成的健康长廊。旨在建设以医疗服务业为重点的新兴产业园区，吸引国际高端医疗、研发机构进入，发展旅游性医疗和康复性医疗等。

②医疗旅游导向。以健康检查、慢病治疗康复、中医养生保健、整形美容、先进医疗技术研发和孵化为重点，透露出潜在的巨大医疗旅游市场。

③大项目大资产注入。九大中央优惠政策支持，先行区管委会对接项目92个，正式受理项目58个，通过医疗技术评估项目36个，已开工项目20个，20个开工项目总用地面积1713亩，总投资198亿元，已累计完成投资约24.8亿元。养老服务模式以需要不同程度专业养老照护服务的全龄长者为服务对象，以机构养老、社区养老为主要形式，依托托老所、福利院、临终关怀医院、老年公寓、老年社区，提供养老服务、专业化医疗、康复服务、临终关怀服务等服务保障。从产品类型上看，主要有复合型养老、机构型养老、社区型养老、特色主题养老、全龄社区、嵌入式服务中心、老年公寓、医养结合型养老、旅游养老等养老业态。从运营模式上看，分为长期持有型、销售型、租赁集合型，常见盈利模式有押金制、会员制、保单捆绑制三种形式。

模式2：综合养老社区

案例2. 上海亲和源养老综合社区——综合养老社区

基本简介：位于上海市南汇区康桥镇，占地面积8.4公顷，建筑面积10万平方米，户型面积为66—130平方米（共838套）。地面建筑84477平方米，其中老年住宅12幢，910套电梯公寓，可容纳1800名老年人；公共建筑8018平方米，配餐中心

2419平方米。

运营情况：亲和源股份有限公司开发，2005年投入运营，发展较为成熟，目前有1000多名老年人入住，已在海南三亚、辽宁营口、浙江海宁、浙江宁波等地通过控股或参股的形式实现初步扩张。模式特点：以会员制老年社区为依托，融居家养老、机构养老为一体的中高端的养老社区特色项目：

①会议服务配套。集养老度假、文化休闲、娱乐购物、学习健身于一体的服务配套。国际会议中心：定期举办大型的国内、国际性研讨会。老年医院及护理中心：老年医院设门（急）诊部，护理院共设300张床位。服务设施：社区服务中心、医疗服务中心、家政服务中心等。文化娱乐健身设施和兴趣小组：配套老年大学、藏书阁、书法绘画厅等，开展英语沙龙、交际舞等20余个兴趣小组。

②秘书式服务。首创秘书式服务体系，提供全方位、不打扰的养老生活。"生活秘书"提供24小时各项生活服务，"快乐秘书"推荐组织社区内丰富多彩的兴趣活动小组，"健康秘书"建立个人专属健康档案绿皮书。

模式3：国际养老＋长线保险资金＋重资产投资模式盈利模式

案例3. 北京泰康之家·燕园——保险养老

基本简介：位于北京昌平新城核心区域，总建筑面积约31万平方米，总投资约54亿元，能容纳约3000户居民入住。引入国际CCRC养老模式，配备专业康复医院和养老照护专业设备，供独立生活老年人及需要不同程度专业养老照护服务的老年人长期居住的大型综合高端医养社区，中国首家获得LEED金级认证的险资投资养老社区。

运营情况：2015年6月26日开园试运营独立生活区，入住率达到了99.7%，2017年实现盈亏平衡，2018年开始盈利。

模式特点：国际养老＋长线保险资金＋重资产投资模式盈

利模式：采用客户会员制模式，客户会员无年龄限制。客户可通过缴纳入门费、购买养老金保险等形式获得入住资格，标准为：入门费的收取标准为20万元/户，"泰康乐享新生活养老年金保险（分红型）"保费200万元起。

特色项目：①专业养老照护服务。养老社区客户将根据身体情况分为6个等级，有活跃老者、独立老者、协助生活、专业护理、记忆障碍、临终关怀等。

②医养结合。配有二级康复医院——泰康燕园康复医院，可为社区老年人及周边居民提供慢病预防、治疗康复、长期护理、慢病管理、临终关怀的全过程医疗护理服务；对外与北京三甲医院建立绿色通道，社区签约999急救车驻场，可及时响应紧急医疗救治需求。

③适老化设计，打造五星级舒适生活居所。社区设施进行60多项的适老化设计，独立生活区分为三种户型，面积从64—181平方米不等；护理区户型30平方米，满足不同身体状况老年人的需求。

模式4：养生养老综合服务社区

案例4. 平安养生养老综合服务社区

基本简介：该社区位于浙江省桐乡市，总投资170亿元，总建筑面积约150万平方米。模式特点：融养老公寓、亲情社区、度假休闲三大产品线，集生活、疗养、田园、休闲为一体的全龄化全配套养生养老社区。

特色项目："全龄化"+"一站式"养老。设置完善的社区服务，以养老服务为核心，提供健康、护理、医疗、膳食、康娱等八大健康管家服务模块。社区内有以三级甲等医院瑞金医院为核心的三级医疗体系，从幼儿园到高中的国际顶尖学校，全球专业养老管理机构量身打造的健康生活模式等健康服务。

盈利模式："租售并举"的模式来进行经营，可进行产权买卖，包含会员型养老公寓、产权型亲情社区和度假休闲。

（2）疗休养产业

①定义。

目前对于疗休养业务并无权威的概念界定，特别是在产业领域经常与"大健康产业""康养产业""养老产业"等高度相关，且在很多情况下混合使用。但在实践过程中，我们可以通过其与康养产业发展侧重点的不同来总体判断疗休养业务与康养业务的区别。

与一般意义的健康和疗养等概念相比，康养是一个更具包容性的概念，涵盖范围广泛，与之对应的康养行为也十分宽泛：康养既可以是一种持续性、系统性的行为活动，又可以是诸如休闲、疗养、康复等具有短暂性、针对性、单一性的健康和医疗行为（何莽，2017），而疗休养业务则更聚焦于某一时期具有针对性的促进个体健康的行为，例如在疗养院内接受康复护理服务，一旦身体康复恢复正常生活，疗休养行为即可结束。

②国家政策。

目前国家专门针对疗休养业务的相关政策主要聚焦于培训疗养机构改革。2016年出台《中共中央办公厅 国务院办公厅〈关于党政机关和国有企事业单位培训疗养机构改革的指导意见〉》、《中央和国家机关培训疗养机构改革工作小组关于开展中央和国家机关培训疗养机构专项核查和编报改革清单目录工作的通知》（中培改〔2016〕1号）、《中央和国家机关培训疗养机构改革工作小组关于开展中央和国家机关培训疗养机构改革试点工作的通知》（中培改〔2016〕2号）、《中共中央办公厅、国务院办公厅关于党政机关和国有企事业单位培训疗养机构改革中事业单位机构编制调整的意见》（中办发〔2016〕60号）等，对培训疗养机构改革相关工作进行部署。同年，国土资源部开展了培训疗养机构改革试点工作。

改革重点针对两大方面进行：一是从廉政角度排查避免培疗机构腐败问题。政策要求各地各部门各单位要对党政机关和国有企事业单位自建的培训中心、疗养机构进行一次拉网式排查，全面摸清掌握所属培训疗养机构的建设、管理和使用情况。对利用培训疗养机构进行公款大吃大喝、超标准接待等违反中央八项规定的行为，要严肃查处并追究相关责任人的责任。二是从功能发挥角度加强培训疗养机构转型、提升健康养老服务设施水平。

③培疗机构转型。

唤醒沉睡资产、优化资产配置是经济新常态下全面深化经济体制改革和国资国企改革的基本要求。2016年民政部等11个部委印发《关于支持整合改造闲置社会资源发展养老服务的通知》指出，"鼓励党政机关和国有企事业单位举办的培训中心、疗养院及其他具有教育培训或疗养休养功能的各类机构，在具备条件的情况下，通过规范方式转向养老服务业"。为贯彻落实中共中央、国务院关于培训疗养机构改革的重大决策部署，快速高效推进培训疗养机构改革转型发展养老产业，2019年5月，国家发改委副主任连维良带队赴中国诚通调研，并主持召开党政机关和国有企事业单位培训疗养机构改革专题会。连维良指出，党政机关和国有企事业单位培训疗养机构转型健康养老服务设施，既是盘活国有资产的重要改革措施，也是应对人口老龄化的创新手段，中共中央、国务院高度重视，必须稳妥高效抓实办好。中国诚通广泛借助社会优质资源，积极探索养老机构运营管理，为改革积累了宝贵经验；所属机构中国康养积极参与城企联动普惠养老专项行动，探索形成了"质量有保证、价格可负担、企业可持续"的普惠养老模式，起到了良好的示范作用。下一步工作要突出一个"快"字。要克服疫情影响，日夜兼程，加快推进改革；要加紧协调解决问题，加大政府支持力度，加快办理移交手续，快速推进接收及转型落地见效；要塑造品牌打造标杆，充分发挥中央企业的示范带头作用，广泛借助社会优质资源，合力打造养老运营品牌；要坚持普惠大众，聚焦广大中低收入人群需求，合理制定养老机构建设标准，将优惠政策应用尽用、用尽用好；要注重创新，重点加强投资、运营等方面的体制机制创新，探索发展混合所有制。

④发展路径。

有研究者针对培疗机构转型提出了四个发展路径。

一是从区域角度看，明确先做哪些后做哪些。养老服务业的发展与区域人均GDP水平，与人口消费能力、区域老龄化状况、区域养老支持政策息息相关，同时受医疗资源、交通能力等因素的影响。因此，在承接改建项目的选择上，优先选择经济水平发达、老龄化程度较高、配套资源相对完备、政府政策支持力度大，市场化水平较高的区域落地改造项目。

二是从业态角度看，明确什么地方适合做什么业态。培训疗养机构大部分建在风景名胜区或城市郊区，内部环境优雅，外部景致美观，改建为养老院的基础条件非常好，其中不同的项目特色决定了今后的发力点，哪里适合做医养结合型项目满足刚需要求，哪里适合开展城企联动普惠养老，哪里可以与当地旅游资源结合开展旅居养老等，需要前期做详尽细致的研究与规划。

三是从运营的角度看，前期要针对不同的客群、业态等对培训疗养机构做适当的改造。培训疗养机构设计的初衷是满足会议、培训、住宿和休闲疗养，容积率普遍偏低，与养老机构的运营要求还是有较大差异。在实际运营中，要重点对床位数量、户型面积、公共空间布局、动线设计以及适老化设施等方面加以调整和改造，还要满足消防的各项要求。这对运营提出了挑战，也增加了前期的投入。

四是从合作形式上看，党政机关培训疗养中心与社会力量合作，在很多地方需要磨合。一般来说，培训疗养机构改建为养老机构，还要解决历史和现实的问题：一是土地、房屋权属不清，可能会存在土地、房屋权属不清导致改建无法进行或证照办理受阻；二是职工安置及债权债务，党政机关培训疗养机构以往是事业单位编制，一旦改建为养老机构，资产、债权债务的接收和职工安置是现实的迫切问题，甚至会存在一定社会稳定风险；三是党政机关培训疗养机构在对外合作方面的步子迈得不够大，租期相对较短（五年），而养老机构前期投入大、回报周期长，对五年租约到期之后能否继续合作也会心存疑虑。

总体来说，培训疗养机构改建为养老机构是盘活国有闲置资产、促进养老产业发展、扩大养老服务有效供给、惠及广大老年群体的重要举措。但同时我们也要看到，党政机关和国有企事业单位培训疗养服务机构具有资产规模大、物业类型多、地域分布广、历史背景复杂等特点，在具体的改造和运营中，需要分类分层处理，才能更好地去把握未来承接运营的策略①。

（3）养老地产业

养老地产被认为是老龄化社会中长期可持续的低风险业态。养老地产的主要形式有老年公寓、老年住宅等，开发主体涉及房地产开发商、保险公司等，产品类型也基本覆盖了不同年龄阶段老年人的需求。房地产企业中已有万科、恒大、保利、远洋、首开等把养老板块作为重要发展方向。

①分类。

养老地产项目开发运营模式可以分为三类，一是提供全方位服务的老年公寓、养老机构，比如上海亲和源老年公寓，提供管家式的服务，北京双井恭和苑是医养结合的养老机构，为老年人提供长期持续的生活照料。这类机构费用高昂，更适合需要照料、护理的高龄老年人居住。二是新型老年社区，集娱乐、服务与医疗为一体，可以为不同年龄段、不同层次的老年人提供服务。如万科打造的"随园嘉树"，提供居家养老、长者

---

① 张良：《闲置国有培疗中心改建养老服务的四大核心视角》，《每日和君观察》2020年8月13日。

公寓、医疗护理院和养护机构一站式全方位的养老服务。三是集旅游、休闲、度假、养生等时尚概念的养老地产。如绿城开发的乌镇雅园，毗邻国家5A级休闲旅游景区，创建"学院式"养老模式，重构老年人的晚年生活。这类养老地产远离市区，重点突出了休闲、养生，弱化了医疗、介护等功能，更适合健康活力、低龄老年人居住。

②案例。

随着我国人口老龄化速度的加快，许多城市相继着手制定诸多优惠政策，鼓励企业、社会组织和社会资本兴办养老服务项目，其中就包括地产方面的政策优惠。诸多地产企业进入养老项目，需要警惕养老的地产化倾向，防止养老成为地产商住开发的外衣与噱头，成为低成本、低门槛获得土地资源、市场资源的筹码。避免地产企业高端养老开发的虚火，既要扬汤止沸，更要釜底抽薪。一方面在养老服务地产项目方面，要细化政策设计，激励扶持与从严约束并举，让拿地办养老容易，变更设计、改变用途以及上市交易变得艰难，阻断地产交易的冲动；另一方面，要细分让利于市场和让利于民生的关系，在降低养老服务兴办成本的同时，充分利用资源的价值杠杆，通过股份、政府购买等形式，调节养老资源的分配，引导养老项目提供更多普惠的养老产品，更多地向民生释放红利。

①美国"太阳城"案例。

坐落于美国亚利桑那州首府及最大城市凤凰城（Phoenix）的"Sun City Center"，海拔约350米，气候炎热干燥，阳光充足，每年有超过300天的日照时间，被称为"太阳城"。其起源可以追溯到20世纪60年代，美国地产开发商德尔·韦布看到了养老产业的商机，在经过土地考察后，决定在此建立一个社会化养老社区，并以"太阳城"命名，随后的数十年中，这里一直引领着美国乃至世界养老社区的建设，目前已经发展成为社区化、专业化、网络化社区养老的代表性模式。

当年德尔·韦布在进行房地产市场考察的时候,"太阳城"所在的区域是一片半沙漠的棉田,他认为此地土地价格便宜、气候环境尚可、度假人群络绎不绝(主要是老年游客),比较适合美国寒带一些居民在冬季来此度假,于是决定在这里兴建住宅,并将销售目标锁定在老龄人口。在建设初期,德尔·韦布率领的公司瞄准55岁以上的退休老年人群体,修建了一批样品房,并配备了诸如疗养、医疗、商业中心及高尔夫球场等娱乐配套设施。由于房价低、环境好、设施齐全,首批房源推出后,呈现出热销状况。经过几轮开发建设后,"太阳城"由平地快速崛起为一座新城。由于项目定位高度符合市场需求,从项目开建以来,"太阳城"仍保持着面积、人口持续增长。

其中由德尔·韦布公司开发兴建的"太阳城",成为融社区养老、市场化运营为一体的养老地产代表性案例。该模式本质上属于住宅开发性质,由地产开发商明确主导方向,按照养老的需求设计,建设养老概念住宅,在完成销售后,开发商得以收回投资并产生盈利。同时,大量购房的老龄人群定居于此,享受与大城市不同的集居式养老生活。为使项目更具有价格竞争力,太阳城一般选址于气候、交通条件较好的郊区,项目具有占地面积大、容积率低、精装修标准等特点,达到"拎包入住"的效果。如"苹果谷太阳城"位于洛杉矶东北方向120公里,房价仅为洛杉矶市内的三分之一,对老年购房群体构成了极大吸引力。在经营策略上,德尔·韦布公司多年来坚持微利经营(毛利率低于20%)。这些综合因素使得养老项目的销售价格远低于大城市同类项目,符合老年人收入水平。

② "随园嘉树"案例。

项目位置:杭州市余杭区万科良渚文化村内,距离杭州市中心20公里。

项目类型:慢性持续性照护社区。

服务对象:健康活力老年人、自理老年人。

服务类别：养老公寓、护理院、文化娱乐休闲服务。

项目规模：占地面积100亩，建筑面积63853平方米，容积率为1.0，绿地率为35%，建筑密度22.73%。

产品类型：包括健康公寓、颐养中心、康复中心、"金十字"休闲区以及公共配套区。其中健康公寓58937平方米，公共配套（不计容）5381平方米，"金十字"养生休闲区4571平方米。17栋5—6层的多层产品中，1栋为需要辅助的老年人护理区，共包括120个床位；1栋为康复中心；其余15栋为生活自理老年人生活区域，分为75平方米、100平方米、111平方米三种户型，共575套房源。另外，社区还配有地下车库11073平方米，提供230个车位。

开发条件："随园嘉树"土地范围属于4A级景区，土地属性为商业旅游用地，不可分割使用权，40年产权（2003—2043年），地价6501.59万元。

运营模式：由于"随园嘉树"的土地属性是商业旅游用地，产权只有40年（2003—2043年），经过几年的前期建设，直到2013年5月推出，仅剩30年的产权，项目运营采取租售结合的方式。

——使用权销售模式。出售30年使用权，无产权证，无法分割小产权，只能签使用权转让合同，土地期满后房子归客户，房屋可以转让。户型75—111平方米，开盘售价14000元/平方米，1个月后提价至15000元/平方米。再按月收取2500—3500元不等的服务费。共200套房源采用了销售使用权的方式。

——长期租赁模式。一次性缴纳15年租金，期内退房可按时间折旧退款，15年之后继续居住不再收取租金。采用租金趸交的方式，可以降低客户门槛，大概相当于买房总价的六成。

——护理月费模式。随园护理院目前采取按月付费的模式，床位费用是150—300元/床/日，护理费根据长者不同的需求，费用为750—4500元/月。

可复制经验：在距离城市中心一定距离内，具有基础医疗和生活配套，辐射相当规模的人口，使用非住宅用地指标，严格控制规模、产品适配及开发成本的条件下，开发养老社区产品。配合后端已经日渐成熟的养老服务团队和服务体系来撬动并实现养老资产的收益，且养老服务本身又可实现盈利，这是适合地产商转型的最佳切入点。

一 中国"十四五"时期老龄事业和产业发展整体思路

(一)"十四五"时期中国人口老龄化趋势研判

1. "十四五"人口老龄化进入快速发展期

中华人民共和国成立70多年来,人口年龄结构发生了巨大变化,其中老龄化进程尤为值得关注。按照60岁及以上人口占比超过10%的老龄化社会传统定义,2000年中国60岁及以上老年人口数量达到1.27亿,占总人口比重达到10.46%,正式进入传统意义上的老龄化社会;按照65岁及以上人口占比超过7%的新标准,2001年中国65岁及以上老年人口数量为9062万,占总人口比重达到7.1%,同样标志着进入老龄化社会。相关研究指出,中国老龄化进程经历了"孕育—稳升—速升"三个阶段,目前正处于加速上升的发展阶段。截至2019年底,中国65岁及以上老年人口数量已达1.76亿,占总人口比重达到12.6%,如图1-1所示。

课题组测算结果显示,"十四五"时期我国老龄化将进入快速发展期,表现为老年人口绝对数量持续增加和占总人口比重的持续上升。从老年人口的规模和占比来看,如表1-1和图1-2、图1-3所示,"十四五"时期我国60岁及以上老年人口基本上以每年1000万的数量增加,在2021年将达到2.5亿人,

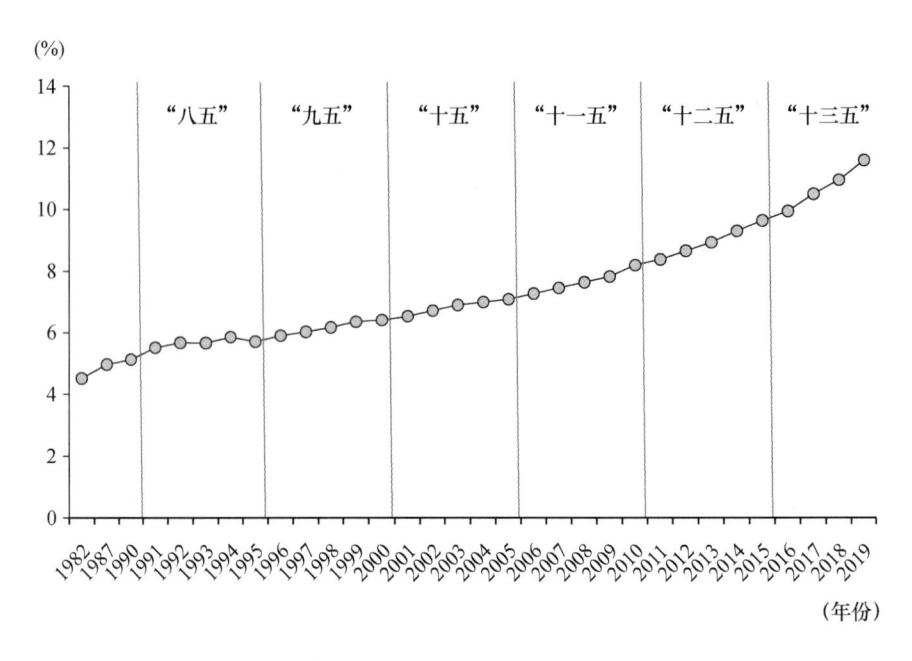

图 1-1 中国 65 岁及以上老年人口占总人口比重（1982—2019 年）
资料来源：《中国统计年鉴 2019》《2019 年国民经济和社会发展统计公报》。

"十四五"中期 2023 年将达到 2.77 亿人，"十四五"末期 2025 年将达到 2.99 亿人；60 岁及以上老年人口占总人口的比重也将由 2021 年的 18.29% 上升至 2025 年的 20.55%。"十四五"时期 65 岁及以上老年人口绝对数量将从 2021 年的 1.79 亿人增加至 2025 年的 2.05 亿人，其占总人口的比重也将从 2021 年的 12.56% 上升至 2025 年的 14.03%。

根据新的国际通用标准，65 岁及以上老年人口占比超过 14% 即可认为进入深度老龄化社会。据课题组测算结果预计，中国将在"十四五"末期 2025 年进入深度老龄化社会，届时 65 岁及以上老年人占比将达到 14.03%，60 岁及以上老年人口占比也将超过 20%，即每 5 人中就有一名 60 岁及以上的老年人口，每 7.1 人中就有一名 65 岁及以上的老年人口。

表1-1 "十四五"时期60岁和65岁及以上老年人口绝对数量　　单位：亿人

	60岁及以上老年人口	65岁及以上老年人口
2021年	2.58	1.79
2022年	2.67	1.86
2023年	2.77	1.91
2024年	2.88	1.98
2025年	2.99	2.05

资料来源：据《世界人口展望（2019）》和现有数据测算。

从远景来看，如图1-2所示，我国60岁及以上老年人口规模在2035—2050年进入缓速增长区间，预计2052年达到峰值4.9亿人，随后开始缓慢下降，到2100年约为4.03亿人，较峰值期减少了8700万人。65岁及以上老年人口规模在2020—2040年快速上升，2041—2056年平缓上升，预计2057年达到峰值4.05亿人，随后平稳下降，到2100年约为3.39亿人，较峰值期减少了6600万人。

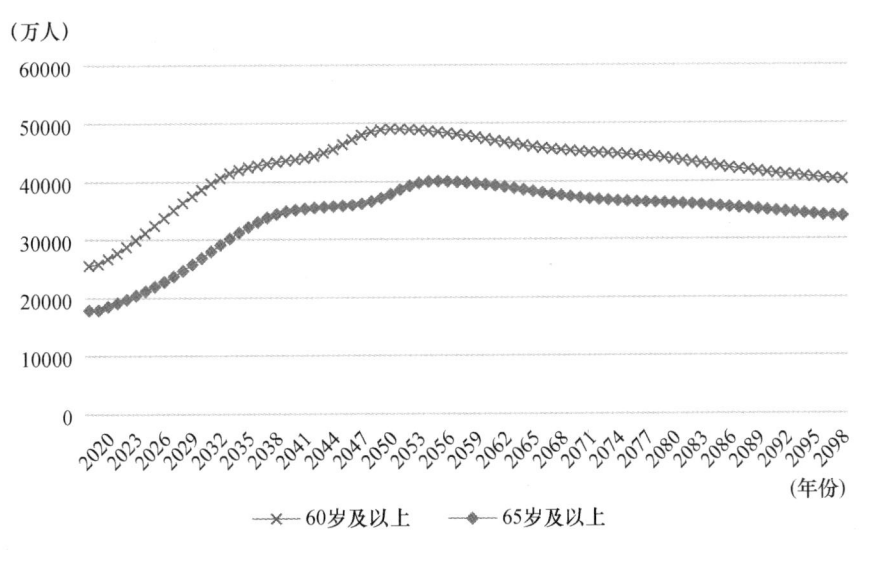

图1-2 未来中国老年人口规模变化趋势

资料来源：据《世界人口展望（2019）》和现有数据测算。

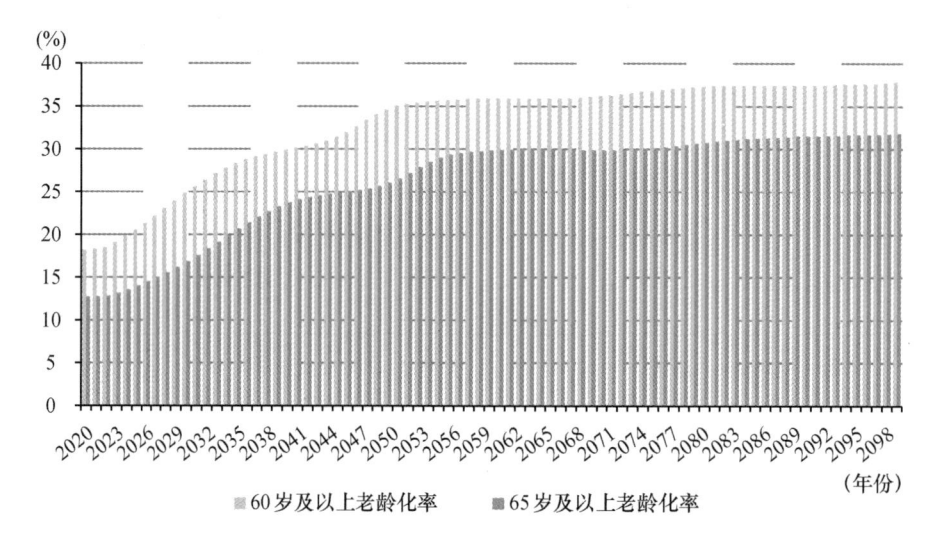

图 1-3 未来中国老龄化程度变化趋势

资料来源：根据《世界人口展望（2019）》和现有数据测算。

从中国老龄化的增速来看，课题组预测结果显示，与"十三五"时期相比，"十四五"时期老龄化进程明显提速。在老年人口规模上，"十三五"时期60岁及以上老年人口年均增加658万人，"十四五"时期年均增加幅度将上升至1037万人；在老年人口占比增速上，"十三五"时期60岁及以上老年人口占总人口比重年均增幅为0.36%，在"十四五"时期年均增幅预计将达到0.66%，将近"十三五"时期的两倍。"十四五"时期65岁及以上老年人口规模增长趋势与60岁及以上群体较为一致，年增量呈现加速上扬的特点，"十四五"初期每年增量约在200万人，中后期增量幅度变大，每年约增加700万人。从远景来看，如表1-2所示，"十五五"时期中国老年人口年均增量、总规模和占比将达到峰值，"十四五"时期是达到峰值前的快速发展和上升期。因此"十四五"时期如何有效应对老龄化，并为下一个五年期老龄化峰值的到来做好充分准备，对中国社会经济发展具有重要意义。

表1-2 "十四五"时期老龄化速度较"十三五"时期明显增加

	年均增加60岁及以上老年人口（万人）	60岁及以上老年人口占总人口比重年均增幅（%）
"十三五"时期	658	0.36
"十四五"时期	1037	0.66
"十五五"时期	1260	0.86
"十六五"时期	964	0.68
2020—2051年	755	0.54

资料来源：根据2015年国家发展改革委社会发展研究所课题组测算和《世界人口展望（2019）》测算。

自改革开放以来中国经历了剧烈的社会转型过程，在这一过程中，人民生活水平得到了大幅度提高；但与之同时也出现了规模较大、结构较为复杂的弱势群体，这一群体面临着就业收入、生活环境、社会保障等多方面的困境。对弱势群体的关注和帮扶有助于其脱离困境，对全体社会成员共享社会经济发展红利具有重要意义。

中国是世界上老年人口数量最多的国家，在老年群体内部也存在不同子群体，并且各个子群体有其自身的特点和发展趋势，其中老年弱势群体的状况尤其值得重点关注。这里主要关注的是失能、半失能、失智老年人、高龄老年人、女性老年人、农村留守老年人、流动老年人、贫困老年人等子群体的情况。

（1）失能、半失能、失智老年人群体。国家卫健委发布的数据显示，2015年中国65—74岁老年人失能发生率为18.3%，2017年65岁及以上人群老年痴呆患病率为5.56%；2017年中国失能失智老年人约4500万，预计到2050年失能失智老年人将达到上亿人，届时将占到60岁及以上老年人总数的20.6%。第四次中国城乡老年人生活状况抽样调查数据显示，有3/4的失能老年人自评健康为"差"，孤独感和不幸福感突出。随着未来老年人口数量的增加，失能、半失能、失智老年人的规模也随之扩大，这类老年人因不同程度丧失了生活自理能力，所在家庭所负担的照料压力较大，对长期医疗、照料、护理服务的需求度较高。

（2）高龄老年人群体。通常80岁及以上的老年人被称为高龄老年人，中国高龄老年人的规模和占比呈现不断上升的变化趋势。2000年中国80岁及以上老年人口占比为0.97%，2010年为1.58%，2015年为1.89%，2018年为2.11%，在不到20年的时间里占比翻了一番有余。中国老年健康影响因素跟踪调查（CLHLS）1998—2014年数据的研究结果表明，随着年龄增长，高龄老年人的失能项目数也在不断增加，高龄老年人的生活自理能力持续下降。[1]

高龄老年人的照料资源主要来自子代，未来低龄老年人照料高龄老年人将成为养老常态。同时高龄老年人的照料资源分布也更加多样化，社会化照料的作用在增强，但也存在无人照料的风险。[2] 未来高龄老年人在疾病预防、卫生医疗、社会化照料等方面的需求将大幅度增加。

（3）女性老年人口。在中国的老年人口中，随着年龄的增长，特别是在高龄阶段出现性别比倒置的现象，表现为女性高龄老年人数量多于男性，女性高龄老年人群体尤为值得关注。2018年65岁及以上女性老年人口占总人口比重为6.27%，男性老年人口占比为5.66%，性别比为90（女性＝100）；80岁及以上女性高龄老年人口占比为1.23%，男性高龄老年人口为0.88%，性别比为72（女性＝100），这一占比差值自2000年以

---

[1] 胡晓茜、高奇隆、赵灿等：《中国高龄老年人失能发展轨迹及死亡轨迹》，《人口研究》2019年第5期。

[2] 陈宁、石人炳：《中国高龄老年人照料资源分布的变动趋势及照料满足度研究——基于CLHLS2008—2018年数据的实证分析》，《学习与实践》2020年第7期。

来呈现不断扩大的趋势。虽然女性老年人口数量更多、余寿更长，但在生命质量上却存在"性别悖论"，即男性高龄老年人的生命质量优于女性。基于第四次中国城乡老年人生活状况抽样调查数据、中国老年健康影响因素跟踪调查数据的研究发现，在城市、镇区、农村三类地区，女性老年人的失能失智率均高于男性老年人，男性老年人在余寿中能够生活自理的时期占比较女性更高，在老年期特别是高龄期生命质量和生活质量优于女性老年人。[1] 随着老年人口规模的不断扩大，老年女性、高龄女性的养老服务需求满足和生活质量改善是老龄领域的重要任务之一。

（4）农村留守老年人群体。《中国城乡老年人生活状况调查报告（2018）》显示，2015年城市老年人口占全国老年人口总数的52%，农村老年人口占比48%；民政部统计数据显示，截至2016年底，全国农村留守老年人规模在1600万左右，约占当年农村60岁及以上老年人口总数的14.17%[2]。由于农村地区大量劳动年龄人口不断迁入城镇，农村老年人口占当地人口比重相对上升，农村地区人口结构严重老化，部分地区出现了村庄"空心化"现象，未来农村老年人口养老形势较为严峻。

（5）老年流动人口。《中国流动人口发展报告（2018）》显示，2015年起我国流动人口规模经历了三连降，但老年流动人口数量持续上升。老年流动人口从2000年的503万人增加至2015年的1304万人，占全部流动人口的比重也由4.9%上升至5.3%。老年流动人口主要由劳动迁移者、失能迁移者、健康退

---

[1] 宋靓珺、杨玲：《老年人口健康寿命的演变轨迹及其影响——一项基于CLHLS的实证研究》，《人口与经济》2020年第3期。

[2] 此比例根据《中国人口和就业统计年鉴·2013》中2016年人口抽样调查数据推算，该次调查抽样比约为0.08375%，农村地区60岁及以上老年人抽样调查数量为94575人，由此推算2016年农村60岁及以上老年人口数约为11292.54万人。

休迁移者和家庭照料者四类人群组成,随着我国人口流迁进入以家庭化迁移为主的阶段,未来随迁老年人和现有流动人口自然老化相叠加,预计老年流动人口数量和占比将进一步上升。据2015年国家卫健委调查数据结果显示,照顾晚辈、养老与就业是老年人口流动的主要原因,其中养老因素占比为25.4%,这对流入地针对老年流动人口的适老服务提出了更高的要求。

(6)贫困老年人群体。据第四次中国城乡老年人生活状况抽样调查数据显示,2014年中国城市老年人平均收入23930元,农村老年人平均收入7621元。根据国家统计局发布的数据,2014年我国城镇居民人均可支配收入为28844元,农村居民人均可支配收入为10489元,城乡老年人收入水平分别相当于同期城乡居民可支配收入的82.96%和72.66%,低于同期城乡居民可支配收入。相关调查研究发现,中国老年贫困人口规模大,贫困发生率较高。2014年中国老年社会追踪调查(CLASS)研究结果显示,据推算,2014年低于世界银行绝对贫困线的贫困老年人有4895万,占全部老年人比重为23.09%;低于国内低保线的老年人口为5576万人,占老年人口比重为26.3%;高龄贫困老年人数量为770万—1272万。分城乡来看,据调查数据推算,2014年约有35%的农村老年人口低于2300元/人·年的农村扶贫标准,农村贫困老年人规模约为3244万;城镇老年人口贫困发生率在12.33%—29.72%,贫困老年人数量为1080万—2603万。①

截至2018年底,中国有1493.4万困难老年人纳入最低生活保障范围,399.8万特困老年人纳入政府供养范围。中国老年人贫困发生具有农村高于城市、女性高于男性、高龄高于低龄的

---

① 朱晓、范文婷:《中国老年人收入贫困状况及其影响因素研究——基于2014年中国老年社会追踪调查》,《北京社会科学》2017年第1期。

特征。根据中国老年健康影响因素跟踪调查（CLHLS）2018年数据显示，中国部分城乡失能、半失能老年人存在多维贫困现象，特别是在养老保险、医疗保险、生活水平、精神健康等方面存在着潜在的贫困现象。[1]

民政部公布的数据显示，截至2020年二季度，我国城市低保人口为833.3万人，最低生活保障平均标准为651.8元/人·月；农村低保人口为3578.2万人，最低生活保障平均标准为5675.7元/人·年，约合472.98元/人·月。在2020年实现全面脱贫的目标下，乡村老年人、独居老年人、高龄老年人、失能老年人等贫困高风险群体是脱贫攻坚的重要工作对象。

2. 我国人口老龄化同期普遍低于国外发达国家

《世界人口展望（2019）》报告指出，2019年全球65岁及以上老年人口占比为9.1%，世界上所有的国家都在经历老龄化过程。同期中国这一比重为12.6%，高于全球平均水平。分大洲和地区来看，2019年欧洲和北美地区老龄化程度最高，达到了18%；接下来是澳大利亚和新西兰为15.9%；东亚和东南亚地区紧随其后，老龄化程度为11.2%；撒哈拉以南非洲老龄化程度最低，为3.0%。可以看出中国老龄化水平低于同期欧洲、北美、澳大利亚、新西兰等国家和地区。

进一步进行国家间的老龄化程度比较，可以看出，我国当前老龄化程度普遍低于主要发达国家。世界银行数据显示，2019年世界主要发达国家中老龄化程度（65岁及以上人口占比）最高的为日本，达到28%，是世界上唯一老龄化程度超过25%的国家；老龄化程度在20%—24%的主要发达国家包括：意大利（23.01%）、葡萄牙（22.36%）、芬兰（22.14%）、希腊

---

[1] 宛林：《扶贫3.0时代：长护老年人多维贫困现状及破解思路》，《决策与信息》2020年第9期。

（21.94%）、德国（21.56%）、保加利亚（21.25%）、克罗地亚（20.86%）、马耳他（20.82%）、法国（20.39%）、瑞典（20.20%）、斯洛文尼亚（20.19%）、立陶宛（20.16%）；老龄化程度在18%—20%的主要发达国家包括：爱沙尼亚（19.99%）、丹麦（19.97%）、捷克（19.80%）、匈牙利（19.69%）、西班牙（19.65%）、荷兰（19.61%）、奥地利（19.08%）、比利时（19.01%）、瑞士（18.84%）、英国（18.51%）。

主要发达国家的经验显示，人均GDP水平提高与老龄化程度存在一定的相关性。当前欧洲国家老龄化程度较高，普遍高出中国7个百分点及以上；美国、加拿大的老龄化程度在16%—18%，分别高出中国2019年老龄化程度3.6个和5.0个百分点；东亚和东南亚主要发达国家老龄化程度除日本高居世界首位外，韩国高出中国2.5个百分点，新加坡与中国较为接近，低于中国0.2个百分点；俄罗斯2019年老龄化水平高出中国2.5个百分点。综上可以看出，除新加坡外，世界主要发达国家同期老龄化水平均高出中国2.5个百分点及以上。

根据联合国的预测数据，到2030年欧洲和北美老龄化程度将达到22.1%，东亚和东南亚老龄化程度将突破15%，达到15.8%，位列世界第三；到2050年，欧洲和北美仍是世界老龄化程度最高的地区，东亚和东南亚老龄化程度将超越澳大利亚和新西兰，升至23.7%；到2100年，东亚和东南亚老龄化程度将超过欧洲和北美，65岁及以上老年人口占比将达到30.4%，较2030年的水平近乎翻番。可以看出，在未来全球老龄化的进程中，东亚和东南亚地区老龄化程度进一步加深。

根据课题组的预测结果，到2030年中国65岁及以上老年人口占比达到16.87%，仍低于届时世界主要发达国家的老龄化水平。细分国家来看，如表1-3所示，根据联合国的预测结果，到2030年，中国与欧洲主要发达国家的老龄化水平相比，基本上低于其4—10个百分点；与北美地区相比，低于其3—6个百分点；与东亚和东南亚地区相比，低于日本 14 个百分点，分别低于韩国、新加坡 7.8 个、5.6 个百分点。

表 1-3　2019 年、2030 年中国与主要发达国家老龄化程度比较　　单位:%

国家	2019 年	2030 年	2019 年与中国差值	2030 年与中国差值
中国	12.6	16.9	—	—
日本	28.0	30.9	15.40	14.0
意大利	23.0	27.9	10.40	11.0
芬兰	22.1	26.0	9.50	9.1
德国	21.6	26.2	9.00	9.3
法国	20.4	24.1	7.80	7.2
英国	18.5	21.5	5.90	4.6
加拿大	17.6	22.8	5.00	5.9
美国	16.2	20.3	3.60	3.4
澳大利亚	15.9	19.3	3.30	2.4
俄罗斯	15.1	19.6	2.50	2.7
韩国	15.1	24.7	2.50	7.8
新加坡	12.4	22.5	-0.20	5.6

资料来源：《世界人口展望（2019）》，根据《2019 年国民经济和社会发展统计公报》对中国 2019 年数据进行了修正。

3. 高龄化与少子化并存，必须加以关注

当前和未来一段时间内中国人口结构态势是高龄化和少子化并存。老年人口长寿化、高龄老年人增加以及平均余寿延长都是老龄化的重要表现，中国 80 岁及以上高龄老年人的规模和占比呈现出不断增加的发展趋势，老龄人口高龄化程度不断加深。

根据课题组的预测结果，如图 1-4 所示，到 2020 年中国 80 岁及以上高龄老年人数量将达到 2600 万人，"十四五"期间将从 2790 万人上升至 3150 万人，平均每年增加 90 万人。从远

景来看，2030—2056 年是高龄老年人规模快速增大时期，到 2047 年将突破 1 亿人，到 2056 年将达到 1.33 亿人；2057—2072 年高龄老年人规模呈现出波动上升趋势，预计在 2072 年达到峰值 1.58 亿人；2073—2100 年呈现"V"字形的发展趋势，2100 年高龄老年人规模略回落至 1.5 亿人。从 2020 年到 21 世纪中叶，中国高龄老年人年均增加近 300 万人，21 世纪中叶到世纪末高龄老年人规模虽略有波动但将维持在高位，应对快速到来的老年人口高龄化任务艰巨。

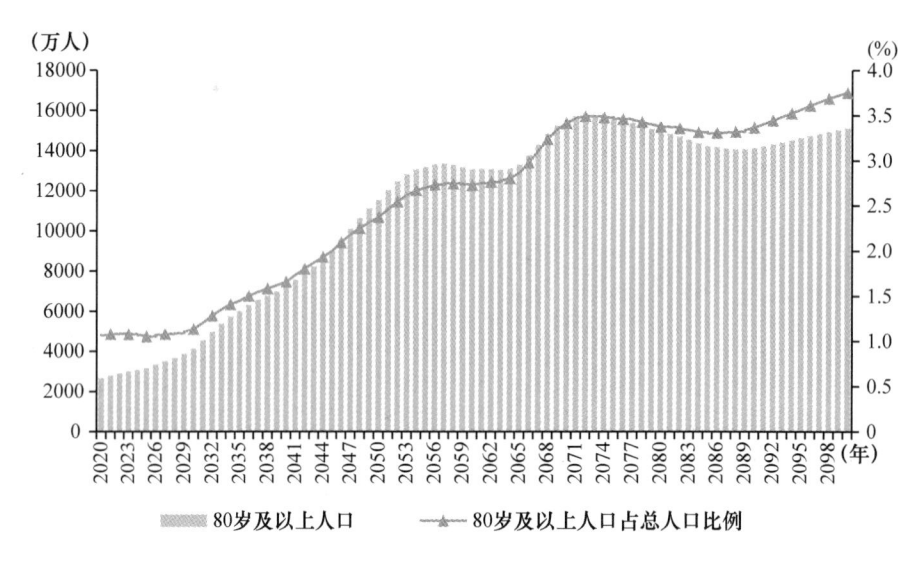

图 1-4　未来中国高龄老年人数量和占比变化趋势

资料来源：根据《世界人口展望（2019）》和现有数据测算。

少子化是进入老龄化社会的推手之一。统计数据显示，改革开放以来中国 0—14 岁人口规模和占总人口比重有明显的下降趋势，少子化现象尤需引起重视。如图 1-5 所示，我国 0—14 岁人口发展进程有两个时间节点值得注意：第一个节点是刚进入 21 世纪的 2000 年，中国 0—14 岁人口占比出现较大幅度的下降，较 1999 年下降了 2.51 个百分点，但占比仍位于 20% 以上，尚未落入"少子化"区间；第二个关键节点是 2010 年，

0—14岁人口占比下降至18%以下，此后一直到2019年，均处在15%—18%的"严重少子化"的区间内。

中国2019年全年出生人口1465万人，人口出生率为10.48‰，人口出生率持续走低将使出生人口逐年下降，少子化危机越发明显。根据课题组预测结果，预计2020年我国出生人口约为1406万人，"十四五"末期2025年出生人口约为1355万人，到2035年出生人口将进一步下降到1171万人，新生儿数量不断减少。按照此趋势发展，我国0—14岁人口规模将不断下降，有很大可能落入"超少子化"的区间内。老年人口的快速增加和出生人数的持续下降成为社会发展过程中亟须关注的两大挑战。

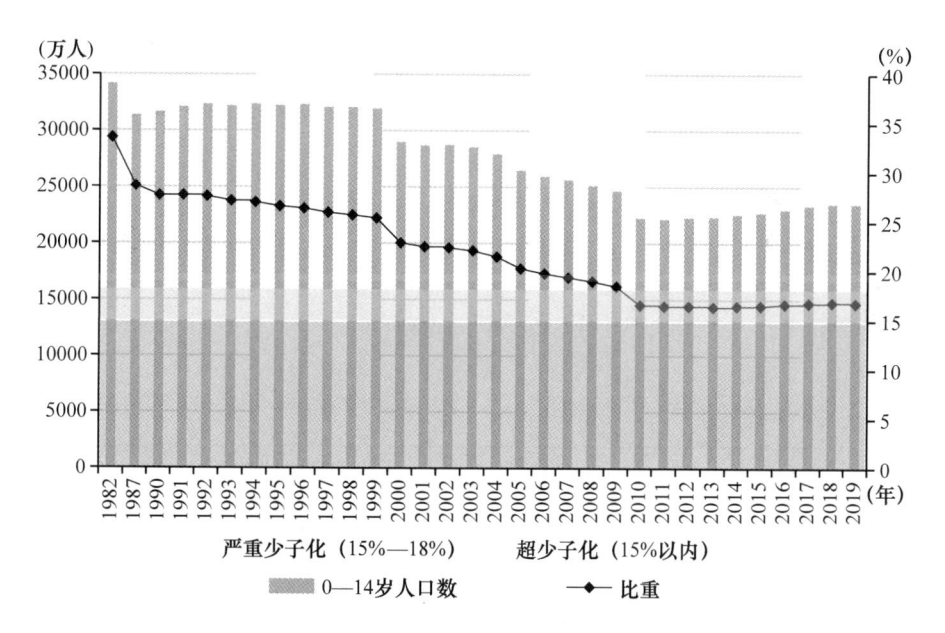

图1-5　中国0—14岁人口规模和占总人口比重情况（1982—2019年）
资料来源：《中国统计年鉴》《中国人口统计年鉴》。

4. 劳动力人口逐年下降，年龄不断老化

在人口老龄化和少子化的双重叠加作用下，我国劳动年龄人口规模将受到进一步压缩，劳动力群体将面临结构性老化。

如图 1-6 所示，从改革开放初期到 2010 年中国 15—64 岁劳动年龄人口规模处于快速上升期，由 1982 年的 6.3 亿人上升到 2010 年的接近 10 亿人，年均增加 1321 万人，创造了巨大的"人口红利"；2011—2013 年增幅明显趋缓，年均增加约 150 万人，至 2013 年达到劳动年龄人口数量峰值，为 10.06 亿人；随后劳动年龄人口数量连年下降，2019 年为 9.89 亿人，从 2014 年开始平均每年减少 311.8 万人。从劳动年龄人口占总人口的比重来看，2010 年是占比由升转降的重要时间节点，此前 15—64 岁人口占总人口的比重从 1982 年的 61.5% 上升到 2010 年的 74.5%，此后占比不断下滑，2019 年占比为 70.65%，2011—2019 年平均每年下降约 0.47 个百分点。

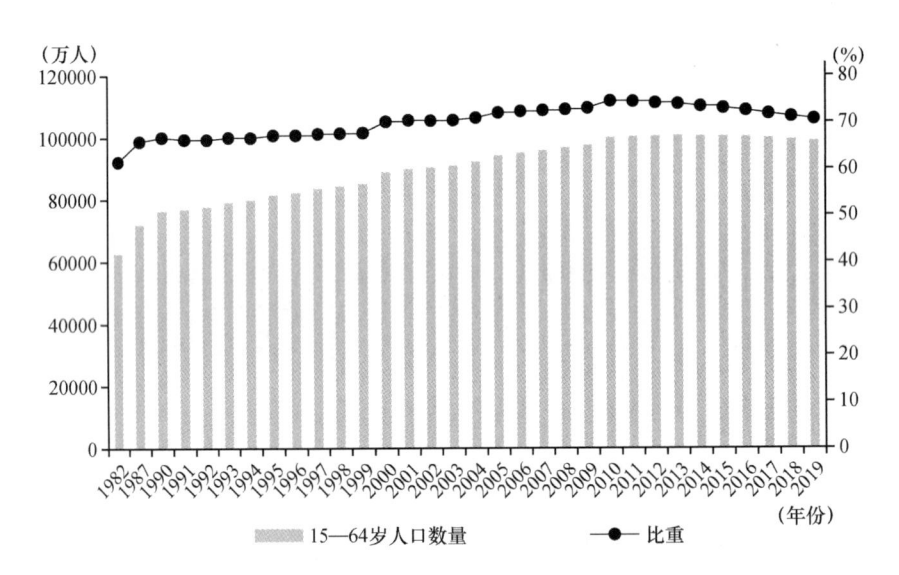

图 1-6　中国 15—64 岁人口规模和占比变化情况（1982—2019 年）
资料来源：《中国统计年鉴 2019》《2019 年国民经济和社会发展统计公报》。

从中国人口年龄结构的历时变化来看，大龄劳动人口规模和占比上升，劳动年龄人口内部老化。如表 1-4 和图 1-7 所示，自 2000 年以来，中国 45—64 岁大龄劳动人口占总人口和全部劳动年龄人口的比重不断上升，并且老化速度加快。2000 年 45—64 岁大龄劳动人口占全部劳动年龄人口的比重为27.23%,2010年已突破30%达到32.68%,2015年为38.18%,2018年已达到41.37%。在不到20年的时间内,较年轻的劳动年龄人口占比进入缩减状态,随着代际更替,大龄劳动人口将不断堆积,加深了劳动力老化程度。

表1-4　　　　　　　劳动年龄人口占比情况　　　　　　单位:%

年份	15—64岁人口/总人口	45—64岁人口/总人口	45—64岁人口/15—64岁
2000	70.03	19.07	27.23
2010	74.45	24.33	32.68
2015	73.02	27.88	38.18
2018	71.21	29.46	41.37

资料来源:《中国统计年鉴(2019)》、第五次人口普查数据(2000年)、第六次人口普查数据(2010年)。

根据课题组的预测结果,"十四五"时期,中国劳动年龄人口的规模和占比将继续下降,其中45—64岁的大龄劳动人口占比仍将上升,劳动力年龄结构进一步老化。从2019年到"十四五"末期的2025年,中国15—64岁劳动年龄人口将下降至9.75亿人,平均每年减少170万人左右;预计到2035年劳动年龄人口占比将降至63.67%。"十四五"时期劳动年龄人口老化程度加深,预计45—64岁大龄劳动人口占劳动年龄人口的比重在2025年将达到43.53%。

"十四五"时期劳动年龄人口减少将直接导致总抚养比、老年抚养比的同步上升,社会负担将加重,养老压力增大。如图1-8所示,中国总抚养比呈现出先下降后上升的变化态势,从1995年开始进入"人口红利"期,但在2011年出现了抚养比的上扬,目前已超过40%。与劳动年龄人口下降相伴随的是老年人口的增多,特别是60—69岁低龄老年人数量将进一步增

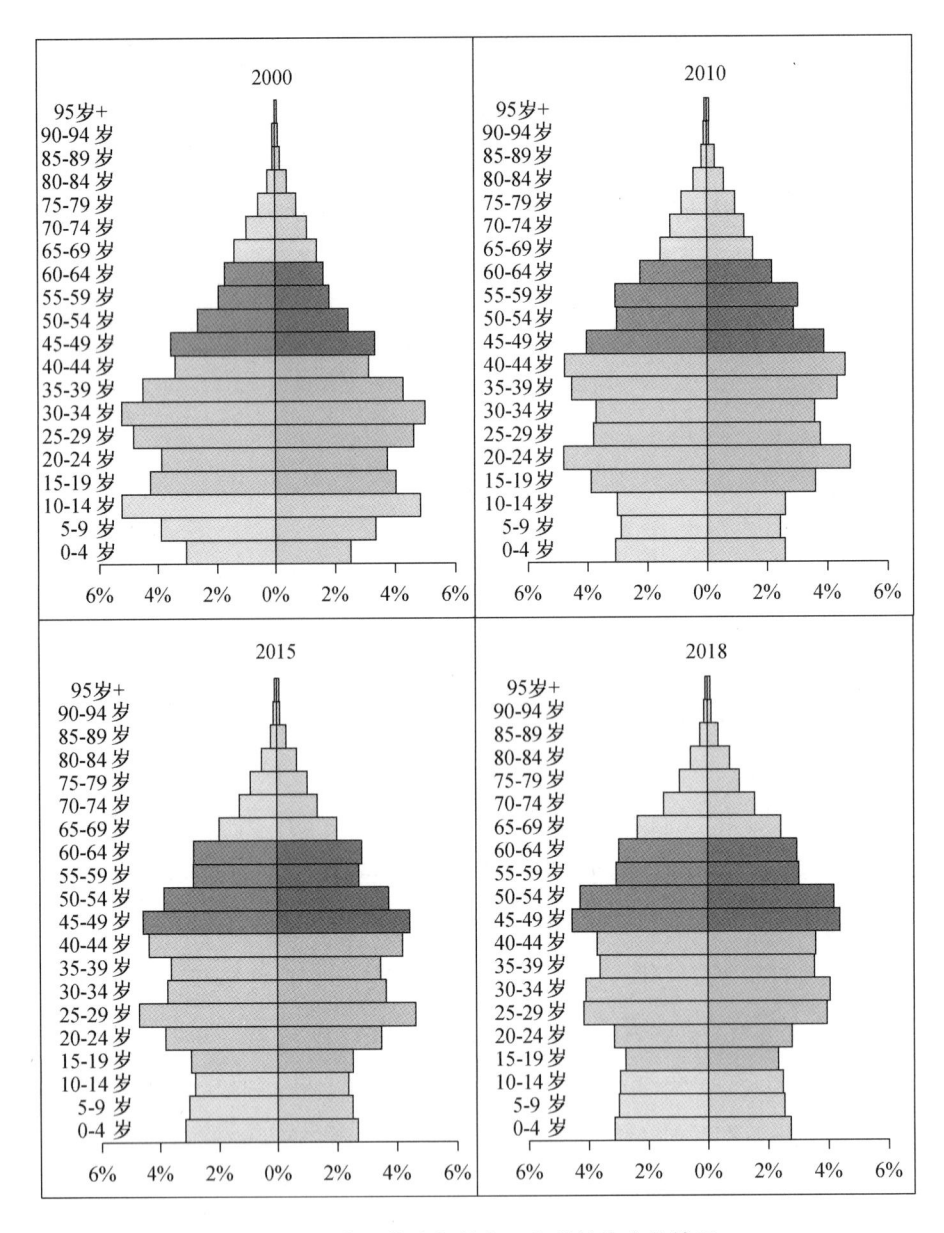

图 1-7 中国劳动年龄人口年龄结构变化情况

资料来源：《中国统计年鉴（2019）》、第五次人口普查数据（2000年）、第六次人口普查数据（2010年）。

多，未来低龄老年人的人力资源潜力值得进一步挖掘，可以成为未来劳动力市场中的重要补充力量。老龄化程度加深和劳动力老化进一步加重了老年抚养比，中国老年抚养比一直处于上升状态，2019年已达到17.8%，预计"十四五"末期2025年达到21%，到2030年将突破30%。

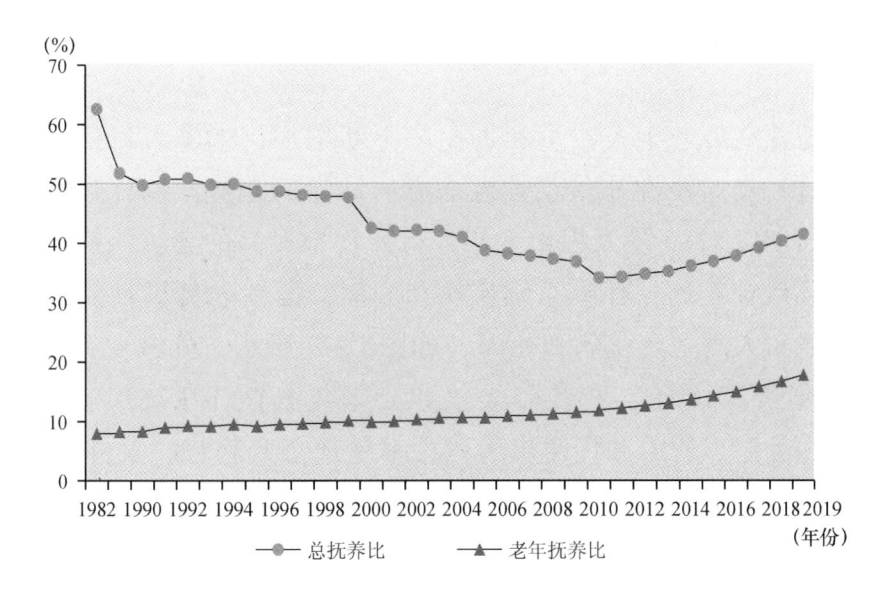

图1-8 我国总抚养比、老年抚养比变化情况（1982—2019年）
资料来源：《中国统计年鉴（2019）》《2019年国民经济和社会发展统计公报》。

5. 失能半失能、慢性病老年人不断增加

中国老龄化发展速度快，老年人口基数大并且呈不断增加的态势，老年人失能比例高、慢性病患病率高。民政部相关数据显示，2010年中国部分失能和完全失能老年人约有3300万人，占总体老年人口的19.0%；第四次中国城乡老年人生活状况抽样调查结果显示，2015年中国失能、半失能老年人大致有4063万人，占老年人口的18.3%；国家卫健委2019年发布的数据显示，截至2018年底，中国失能、半失能老年人有4400万人，占老年人总数的17.7%。根据民政部发布的数据，预计到2050年中国失能老年人总数将达到7000万左右，失能、半失能老年人对健康医疗服务的需求更加迫切。

卫健委数据显示，2013年中国65岁及以上老年人口慢性病

患病率为539.9‰；2018年中国患有慢性病的老年人数量为1.5亿，占老年人总数的65%；2019年患有慢性疾病的老年人数量超过1.8亿，患有一种以上慢性病的比例高达75%；老年人平均有8年多的时间处在带病生存状态，慢性病严重影响了老年人健康生活质量。

随着高龄老年人数量和占比的不断增加，未来人口疾病谱系有进一步向慢性非传染性疾病方向加深的趋势。统计数据显示，长期以来85岁及以上老年人口死亡率最高的三类疾病分别为循环系统疾病、呼吸系统疾病和肿瘤，慢性非传染性疾病是高龄老年人的主要疾病和死因（如图1-9所示，分城乡看，从2002年到2018年，城市85岁及以上老年人循环系统疾病，肿瘤，内分泌、营养和代谢疾病死亡率呈现上升趋势；农村85岁及以上老年人口的循环系统疾病，肿瘤，内分泌、营养和代谢疾病，神经系统疾病死亡率有随时间推移而升高的趋势）。基于人口普查数据、中国老年健康影响因素跟踪调查数据的相关研究指出，中国高龄老年人中失能、失智、独居的比例较高；中国卫生统计年鉴数据显示，慢性疾病死亡率在高龄老年人群体内部明显偏高。高龄老年人的医疗需求将进一步加大，卫生服务体系、养老保障体系压力明显增大。

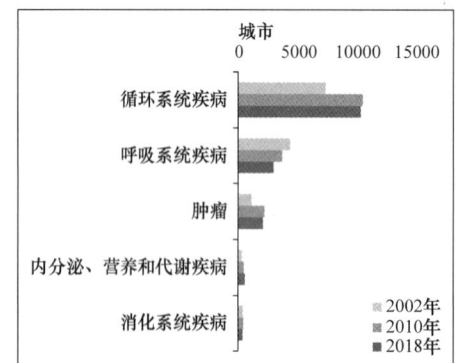

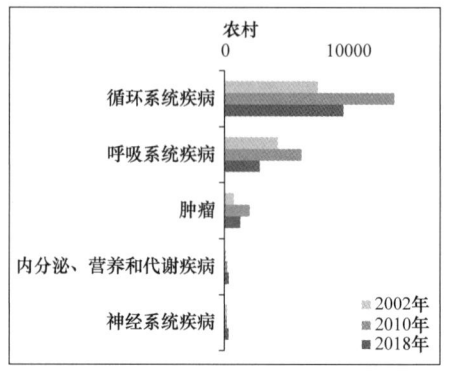

图1-9 中国85岁及以上老年人口分城乡前五位疾病死亡率

资料来源：《中国卫生健康统计年鉴》。

个体老化的过程通常伴随着身体机能的退化，进而会导致老年人遭遇日常生活困境。2016 年发布的《中国老年人走失状况调查报告》显示，每年全国走失老年人约有 50 万人，平均每天走失约 1370 人，老年人失智和缺乏日常照料成为走失的主要原因。如图 1-10 所示，随着时间的推移，老年人意外跌落死亡率呈现明显上升的态势，特别是在高龄段意外跌落死亡率大幅上升，这一现象在农村和城市同时存在。2018 年数据显示，85 岁及以上城市老年人意外跌落死亡率为十万分之 433.64，超过消化系统疾病和精神系统疾病的死亡率；85 岁及以上农村老年人意外跌落死亡率为十万分之 408.47，高于内分泌系统疾病、神经系统疾病、消化系统疾病等慢性病的死亡率。意外跌落与老年人的身体机能、行动能力下降密切相关，与半失能、疾病状态相叠加则大大增加了老年人因意外致病甚至死亡的风险。未来失能、半失能老年人以及慢性病患病老年人对健康、照料和医疗的需求将大大增加，推进健康老龄化任重而道远。

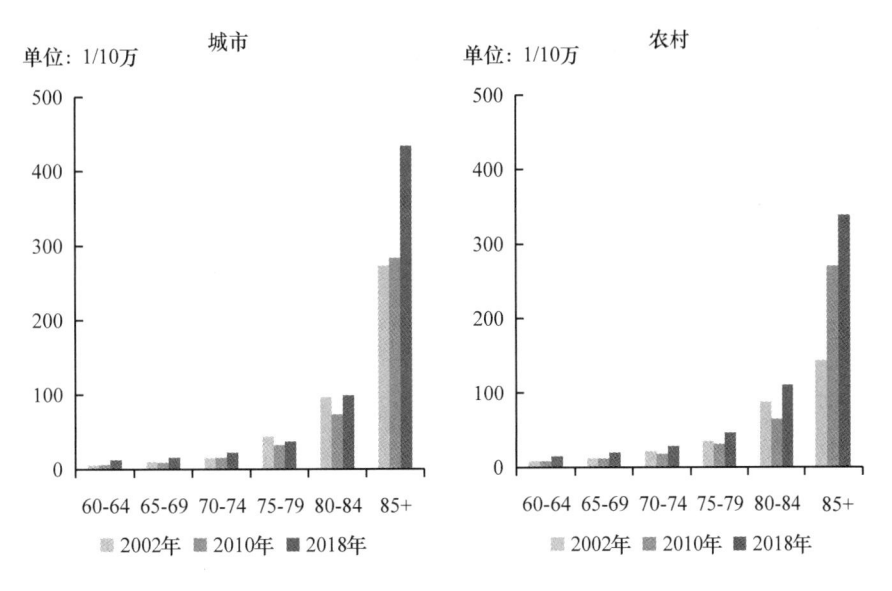

图 1-10 中国老年人口年龄分城乡意外跌落死亡率

资料来源：《中国卫生健康统计年鉴》。

（二）"十四五"发展面临的国内外环境

1. 国际环境复杂多变，走出自己道路的必要性和重要性增强

全球经济波折下行，我国推动高质量发展，面临结构性调整。全球经济处于第五轮长周期的下行阶段，总体处于乏力和波折阶段。根据世界银行和国际货币基金组织的相关数据和预测，全球经济正处于国际金融危机后弱复苏的中周期[①]。发达经济体和新兴经济体都开始向潜在增长水平收敛，全球经济平均增长速度处于3.5%左右。

国际形势复杂多变，我国国际地位增强，社会结构不断分化。世界正处于百年未有之大变局，全球治理体系深刻调整。保护主义对全球经济和治理格局产生深远影响，近年来全球民粹主义处于历史最高水平，右翼民粹主义政党的支持率在过去四年上升了33个百分点[②]。国际形势复杂多变，法国黄马甲运动、委内瑞拉全国停电事件、斯里兰卡恐袭事件都表明国际社会稳定形势不佳。在新冠肺炎疫情影响下，世界各国不同程度遭遇公共卫生防疫压力带来的系统性挑战，国际关系面临重大调整。

世界人口继续增长，中国老龄化程度加深、劳动力人口下降。《世界人口展望（2019）》显示，未来30年世界人口将增加20亿人。印度有望在2027年超越中国，成为世界第一人口大国，并在未来10年内成为劳动力人口第一大国。长期来看，中国人口将呈现逐渐减少的趋势。

总之，全球和平发展合作趋势没有变，全球化出现巨大挫

[①] 国家发展和改革委经济研究所课题组：《"十四五"及未来一段时期内我国社会结构变化的新情况、新趋势和新要求研究》，内部研究报告，2018。

[②] 引自瑞典著名智库Ti民粹主义bro推出的全球民粹主义指数。

折,但趋势没有变。多元化、多极化趋势不会改变。世界力量对比格局,西方发达国家总体趋于下降,新型市场经济体上升的总趋势不变。中国发展外部环境更加严峻,尤其是中美关系的不确定性增强,更多领域摩擦的可能性增大。中国周边地缘政治敏感。在美国等西方势力介入下,台海、南海、东海、涉港、涉疆、涉藏等形势将更加复杂。

在此形势下,我国集中力量做好自己的事,成为下一阶段的重点。

2. 国内经济实力增强,发展基础好,整体氛围好

中国经济具备向高质量阶段转变的有利条件,长期向好的趋势没有改变。工业化、城镇化仍有较大空间,经济发展有足够的韧性、潜力和回旋余地,市场规模、产业体系、人力资源、基础设施等综合优势突出。但是,中国尚存在发展结构性失衡问题。产业结构不能适应消费需求新变化,传统产业存在供大于求,高品质产品和服务供给不足等诸多问题。东北、西北等地区发展困难,东部地区发展放缓,南北差距、区域分化扩大。科技成果有效供给不足,与经济结合不够紧密。劳动力结构性矛盾突出,收入分配差距较大。可以预判,"十四五"时期,我国劳动人口比重、储蓄率、投资率、全要素增长率、潜在经济增长率均出现下降,同时受疫情影响,潜在增长率进一步下降。

"十四五"时期,中国正处于经济由高速增长阶段转向高质量发展阶段,2019年中国人均GDP突破1万美元,预计"十四五"期间迈入高收入国家门槛。高质量发展意味着经济结构调整,当前拉动经济的"三驾马车"遭遇不同程度的爬坡过坎环节,经济运行稳中有变、变中有忧的趋势还将延续。徐林指出,

未来5—10年中国经济潜在增长率会下降至5%—6%[①]。在国际经济周期下行的背景下,国内经济发展将面临周期性、结构性问题双重叠加,对就业、收入、消费带来综合影响。从全球经济格局来看,由中美经贸摩擦引发的贸易、科技、金融等关键环节的不确定性,对中国未来发展造成巨大挑战。

中国正处于世界新一轮科技革命和产业变革同我国转变发展方式的历史性交会期。伴随中国国际地位增强,在搭建国际平台和取得广泛共识的同时,也处于不断适应、调整甚至引领世界规则的时期,但面临的挑战也日益加大。同时,国内主要矛盾转变为人民群众日益增长的美好生活需要与不平衡不充分的发展之间的矛盾,社会结构还在进一步调整分化。人群方面,中等收入群体扩大,"90后""00后"等新生代群体也在不断壮大,网络原住民年青一代适应和引导规则的建立。区域方面,南北分化和东西分化交织,东北和西部地区人口负增长现象突出,以人口、人才指标为表征的区域发展不平衡进一步加剧。城乡方面,城镇化速度放缓,落后地区的发展动力机制有待清晰化,民生保障和社会治理领域的部分制度存在明显的城乡分割。

3. 中国内转型调整和结构升级压力进一步突出

自"十五"以来,中国常住人口城镇化率年均提高1.2个百分点左右,形势已经悄然变化。近年来农民工总量增长放缓,农民工进城的意愿呈总体下降态势,实际进城的人数也出现下降。2018年中国农民工总量2.88亿人,尽管比上年增加了180多万人,但增量大幅减少近300万人。根据联合国《世界城市化展望(2018年修订版)》预测,"十四五"中国常住人口城镇

[①] 徐林:《建言"十四五"规划:合理目标与全方位创新》,财新网,2019年5月27日。

化率的年均提高幅度将下降至1%左右。从常住人口方面看，根据城镇化率S曲线的一般规律，60%以后出现一定程度的减速具有必然性。从户籍人口方面看，到2020年实现1亿非户籍人口在城市落户以后，大规模集中进城落户的历史任务也将完成。"十四五"将进入"后1亿人时代"，以高质量为导向的新型城镇化会与乡村振兴形成一种新的均衡状态。在城乡融合发展中，人口流动迁移的放缓将是新趋势。

目前产业结构、要素结构尚不适应高质量发展要求。产品结构不能适应消费需求新变化，一些传统产业严重供大于求，高品质、高性价比、高端产品和服务供给不足。消费对经济增长的拉动作用尚未发挥出来，需求潜力巨大和有效需求不足并存。经济"脱实向虚"问题比较突出。东部地区发展放缓，南北差距、区域分化呈扩大趋势。科技成果数量众多与有效供给不足，科技与经济结合不紧密等问题没有得到根本解决。劳动力供求结构性矛盾突出。收入分配差距较大。这些结构性问题造成新旧动能转换艰难，国民经济循环不畅。

"十四五"是开启全面建设现代化新征程的第一个五年，面向2035年和21世纪中叶看，不论是实现基本现代化还是建成现代化强国，都需要世界级的社会服务尤其是国际化的教育、医疗、养老等作为支撑，同时也需要国际化的社会组织、社工机构作为重要力量来参与。从百姓需求方面看，国际学校、国际医院、国际养老机构发展方兴未艾，还有很大的发展空间。如果简单粗暴地限制，只会造成消费资源向海外的流失。同时，中国在社会领域发展建设的有益经验，受到以"一带一路"为代表的越来越多国家（地区）的关注，有一些经验和做法可以推广。坚持"引进来"和"走出去"相结合，改变社会领域相对封闭的不适宜局面，全方位扩大社会领域开放，是大势所趋、民心所向。当然，伴随社会领域开放而来的意识形态风险、健康数据和个人信息安全风险等，需要更有效的防控。

4. 人口形势、发展风险、不确定性增强

"十四五"期间，中国的人口总量将仍然保持持续上升的趋势，深度老龄化和少子化同时出现。出生人口数逐年下降，面临少子化危机。预计 2020 年中国出生人口约 1406 万人，2025 年约 1355 万人，2035 年约 1171 万人，新生儿数量逐年减少。中国 65 岁及以上老年人口占比将在 2021 年超过 14%，进入深度老龄化社会；在 2031 年超过 21%，进入超老龄化社会。中国老年人口抚养比（65 岁及以上老年人口与 15—64 岁劳动年龄人口之比）将从 2017 年的 0.17 继续上行，到 2030 年将突破 0.3。人口总抚养比将从 2018 年的 0.41 上升到 2030 年的 0.51。

劳动力人口逐年下降，年龄不断老化。2019—2025 年，15—64 岁劳动年龄人口规模将会从 9.85 亿下降到 9.75 亿，平均每年下降 170 万人左右。从 2028 年开始，每年劳动年龄人口将减少 1000 万以上。劳动年龄人口占比将从 2019 年的 70.83% 降至 2035 年的 63.67%。同时，劳动年龄人口不断老化。45—64 岁的大龄劳动人口占劳动年龄人口的比重将从 2019 年的 40.16% 提高到 2025 年的 43.53%。

家庭结构继续深刻变化。突出表现为家庭规模小型化、少子化，受计划生育政策、晚婚、不婚、不孕不育、离婚率提高等因素影响，中国家庭户规模呈持续下降趋势，丁克家庭、单身家庭、单亲家庭数量增加。

2020 年，受新冠肺炎疫情的冲击，为巩固全面小康的成果和进一步开启建设现代化强国的征程增加了新的困难。疫情加重了深度贫困地区和人口面临重新返贫的可能。小微企业、个体户、自由职业等，经济困难，破产倒闭，产生了新的贫困人口。部分要素贫瘠地区如何巩固脱贫成果、防止返贫的任务紧迫。后疫情时期财政减收、非常规支出增加，对进一步推进基本公共服务均等化面临困难。同时，中国正处于疫情防控常态

化时期。受全球疫情危机影响，中国常态化防控可能延续到整个"十四五"时期或者至少"十四五"前半期。

（三）"十三五"时期老龄事业产业发展基础

1. "十三五"时期的规划政策引领

（1）国民经济和社会发展五年规划中的老龄表述

近十年来，中国老龄工作获得长足发展。中国《国民经济和社会发展第十二个五年规划纲要》中"积极应对人口老龄化"仅为第三十六章"全面做好人口工作"的一节内容。当时已经提出"培育壮大老龄事业和产业"，但对老龄工作的重视程度仍与计生服务、妇女工作、儿童发展、残疾人事业等并列。到"十三五"时期，积极应对人口老龄化是第六十五章一整章内容，"促进人口均衡发展"是应对人口老龄化框架下的一节内容。这无疑与中国人口老龄化态势的发展直接相关，意味着应对人口老龄化从"十三五"开始被提升到人口战略的首要位置，也是关乎国民经济社会发展的重大事项。

（2）《"十三五"国家老龄事业发展和养老体系建设规划》

"十三五"时期老龄发展的指导性规划是《"十三五"国家老龄事业发展和养老体系建设规划》（简称《规划》）。《规划》作为未来五年老龄事业发展的工作重点，从目标上，要实现多支柱、全覆盖、更加公平、更可持续的社会保障体系更加完善；居家为基础、社区为依托、机构为补充、医养相结合的养老服务体系更加健全；有利于政府和市场作用充分发挥的制度体系更加完备；支持老龄事业发展和养老体系建设的社会环境更加友好。分别从社会保障体系、养老服务体系、制度支撑体系和社会环境体系四个方面构建目标的"四梁"。从内容布局上，由健全完善社会保障体系、健全养老服务体系、健全健康支撑体系、繁荣老年消费市场、推进老年宜居环境建设、丰富老年人精神文化生活、扩大老年人社会参与和保障老年人合法权益等八个板块组成了"八柱"。《规划》"四梁八柱"的目标任务框架支撑起了"十三五"老龄事业发展的核心工作，其中具体的任务举措不时在回应和推进已有的规划和政策。例如：《规划》提出"开展长期护理保险试点的地区要统筹施策，……鼓励商业保险公司开发适销对路的长期护理保险产品和服务"等，是对《"十三五"推进基本公共服务均等化规划》提出"探索建立长期护理保险制度"的细化和落实；《规划》提出"逐步建立支持家庭养老的政策体系，支持成年子女与老年父母共同生活，履行赡养义务和承担照料责任"，是在2013年35号文提出"支持家庭、个人承担应尽责任"以及"督促家庭成员承担（农村老年人）赡养责任"的基础上，首次明确了要建立家庭养老的制度支撑，为老年人在熟悉、舒适的家庭中安度晚年提供政策保障。《规划》提出"创新服务模式，提升质量效率，为老年人提供精准化个性化专业化服务"的任务要求，是对2016年91号文提出"提高养老服务质量"的强调和推进。《规划》对已有规划和文件的回应、落实、细化和推进还有很多，不一而足，充分体现了《规划》在现有政策框架体系中具有明确而精准的制度定位。

《规划》虽然名为"老龄事业发展"，但专章提出"繁荣老年消费市场"，这是在2013年35号文提出"发展养老服务业"、2016年91号文提出"全面放开养老服务市场"以后，旗帜鲜明地加大老年消费市场的发展，背后体现了扩大老年产业规模，并由此调结构、转方式的发展思路。尤其是在这部分"丰富养老服务业态"中提出"大力发展养老服务企业，鼓励连锁化经营、集团化发展"，这都是从未有过的提法。原先提出过"培育发展新业态""支持新兴养老业态发展""发展智慧养老服务新业态"，同时提出过养老服务机构实行企业化经营，推动提供居家养老服务的中小型企业发展等。但是，"鼓励连锁化经营、集团化发展",以及"鼓励金融、地产、互联网等企业进入养老服务产业"等提法,都无疑是在养老服务市场中投入了一颗重磅炸弹,将激发市场活力并带动资本进场。可见,"十三五"时期已经对老龄产业发展进行了初步的勾勒,具有一定的发展壮大的基础了。

(3)《国家积极应对人口老龄化中长期规划》

2019年底出台的《国家积极应对人口老龄化中长期规划》无疑是"十三五"期间出台的指导老龄工作以及应对老龄化相关系列工作的根本性规划。其重要意义在于,从"十三五"末开始,中国要将人口老龄化基本态势作为基本国情来综合应对。

从规划定位来看,《规划》属于中长期国家级专项规划,兼具国家发展规划的综合性,整体呈现出"高站位、管长远、大框架、有重点"的特点。

一是《规划》超越了人口发展规划、老龄事业发展规划等传统专项规划的框架体系,从财富储备、劳动力供给、服务和产品供给、科技创新、社会环境等五大领域整体谋划、综合布局。虽然应对人口老龄化本质上是应对人口结构变化,但我国作为14亿人口的大国,人口结构的变动将直接影响国家现代化进程、中华民族复兴进程以及全国人民的民生福祉。所以,《规划》以人口老龄化为切入口,实际上全面部署了面向21世纪中叶的经济社会发展思路和重点任务。

二是《规划》相较于国家发展规划即国民经济和社会发展五年规划而言,规划周期更长,近期至2022年,中期至2035年,远期展望至2050年,是中国为数不多规划周期至21世纪中叶的发展规划。同时,区别于国家发展规划,《规划》重在问题导向、应对变化。为了科学认识、有效发挥、及时化解人口老龄化带来的机遇和挑战,《规划》提出稳步增加养老财富储备、改善劳动力有效供给、打造高质量为老服务和产品供给体系、发展"银发经济"、提高老年服务科技化水平、建设老年友好社会等具有针对性的重点任务，使中国更具应对风险和把握机遇的能力。

从目标意义来看，《规划》着眼于中华民族复兴、亿万百姓福祉、经济高质量发展、社会和谐稳定，《规划》目标将贯穿我国"两个一百年"奋斗目标全过程。

党的十九大提出了"决胜全面建成小康社会，开启全面建设社会主义现代化国家新征程"的"两个一百年"奋斗目标。到 21 世纪中叶即中华人民共和国成立 100 周年之际，中国将建成富强民主文明和谐美丽的社会主义现代化强国。《规划》立足于顺应中国人口老龄化发展规律，推动人口与经济社会、资源环境融合发展，建立了与"两个一百年"以及社会主义现代化建设两个阶段相契合的规划目标和任务，是确保中国顺利实现百年目标的坚实保障。

当前，全球经济处于第五轮长周期的周期下行阶段，中国正处于世界新一轮科技革命和产业变革同我国转变发展方式的历史性交会期。国内经济正由高速增长阶段转向高质量发展阶段，预计"十四五"期间迈入高收入国家门槛，但宏观经济不同程度遭遇爬坡过坎压力，内外部风险和挑战持续存在。世界处于百年未有之大变局，最重要的还是做好我们自己的事。推动新旧动能转换，加快创新带动高质量发展，是中国未来坚持的发展方向。《规划》意在积极推动人口老龄化以及少子化、家庭小型化等社会结构变化与高质量发展相互适应，到实现联动，最终转化为发展动能。只有顺应变化、推动发展，才能使中国特色社会主义建设持续、健康、稳定推进，实现以不变应万变。

展望未来，中国特色社会主义现代化将是一幅舒适、美好、有活力的老年友好型社会图景。现代化的理念、制度、能力和感受将融入国家发展全领域、个体生命全周期，现代化的中华民族将世代永续，始终屹立于世界民族之林。

从任务措施来看，《规划》有任务、有指标、有行动、有工程，有分工、有保障，有试点、有评估，实现了政府、市场、社会、家庭、个人多主体联动、协同推进。

积极应对人口老龄化是关乎每个人的举国大事，需要系统性的制度保障和要素支撑。《规划》分别从"财富"、"人力"、"服务和产品"、"科技"和"环境"等五大支撑要素出发，重点勾勒出"为老龄化社会做什么"以及"为老年人做什么"两重任务体系。

第一重任务是强化全社会的应对能力。包括：增强应对人口老龄化的经济基础、提高社会保障能力，提高人力资源素质，推进人力资源开发利用，打造健康服务体系，以及增强科技对产业升级、对劳动力替代和增强的作用，都是针对全社会的任务措施。第二重任务是针对老年人的支持、服务和关爱能力建设。包括：建立多层次长期照护保障制度、构建老有所学的终身学习体系、创造老有所为的就业环境、构建为老服务的人力资源队伍、健全老有所养的养老服务体系、发展"银发经济"、提高老年服务科技化水平以及加强老年人权益保障、完善家庭支持政策、建设老年友好型社会等，都是针对老年人及其家庭的支持举措。老年人是老龄化社会的一部分，既是任务主体又是任务对象，所以两重任务相互交织、彼此对应。

《规划》注重任务分解、落实保障和实施评估。任务分解上，《规划》共提出了五大领域52项综合任务，并分解出7个行动计划和5项建设工程，将近期任务、中长期任务详细布置到每个行动和工程中，近期有抓手，远景有方案。落实保障上，《规划》提出7大保障措施，由国家发展改革委会同相关部委和部门分解落实，各省、自治区、直辖市制定实施方案，调动政府、市场和社会力量共同实现规划目标。实施评估上，《规划》将围绕22个核心评价指标和一整套综合评价指标体系实施评估，并通过创新试点等鼓励措施探索应对人口老龄化的地方经验，最终形成各部门协同、全社会动员的综合应对体系。

2. "十三五"老龄事业发展情况和取得的成绩

中国老龄化进程具有发展速度快、老年人口基数大、高龄化突出的特点,"十三五"时期中国65岁及以上老年人口数量由2016年的1.5亿人上升到2019年末的1.76亿人,2020年达到1.9亿人;65岁及以上老年人占比也将从2016年的10.8%上升至2020年的13.5%。《"十三五"国家老龄事业发展和养老体系建设规划》中明确指出:"'十三五'时期是中国全面建成小康社会决胜阶段,也是我国老龄事业改革发展和养老体系建设重要战略窗口期",2019年应对老龄化上升为国家战略,凸显出深化老龄事业发展的重要性。"十三五"时期中国老龄事业建设主要在老年人权益机制保障、法律法规政策完善、服务和产品供给、老年人福祉增加、社会尊老敬老环境建设等几个方面取得了明显进展。

(1) 老年人权益机制不断健全

老年群体风险意识较弱、维权能力不强,属于弱势群体,"十三五"期间我国从法律、发展规划、地方政策制定、细则执行实施等多个层面不断健全老年群体的权益保障机制。《中华人民共和国老年人权益保障法》在2018年进行了第三次修订,从法律层面为老年人提供坚实的制度保障。在法律援助方面,"十三五"期间逐步形成了政府主导与多方参与相结合的体系。针对老年人遭遇的诈骗、民间借贷纠纷、赡养权益保护、土地承包权益保护、养老金权益保护等多类典型案例,"十三五"期间各地通过建立老年人法律维权热线,加强对老年人的法律服务与援助;2018年济南历城法院"老年人维权工作站"暨老年人诉讼维权绿色通道正式设立,为全国法院系统首个专门面向老年人维权的工作站,进一步满足了老年人日益增长的法律援助需求。

"十三五"期间老年群体优待政策不断优化,国务院数据显示，截至2017年，全国所有省份均出台了老年人社会优待政策，在政府服务、卫生保健、交通出行、商业服务、文化休闲、维权服务等方面为老年群体提供便利。"十三五"期间以浙江省为代表的多个省份，在老年优待证办理过程中实现"最多跑一趟""一次不用跑"，在办事机制上打通"最后一公里"。

"十三五"期间中国进一步加强老年人的社会救助和福利保障工作，重点对贫困、高龄等特殊困难老年群体进行帮扶。截至2018年底，中国已经将1493.4万困难老年人纳入最低生活保障范围，将399.8万特困老年人纳入政府供养范围，充分保障困难老年群体的生活权益。

（2）涉老法律法规政策体系不断完善

目前，中国已形成以宪法为核心，以老年人权益保障法为主体，包括涉老相关法律法规、规章制度和有关政策在内的老龄法律法规体系，并逐步走向完善，为维护老龄人口权益、促进老龄事业发展提供制度保障。

中国在2018年对《中华人民共和国老年人权益保障法》进行了第三次修正，修改的主要内容集中在养老服务方面，具体包括各级民政部门不再受理养老机构设立许可、依法做好养老机构的登记和备案管理、推动建立养老机构综合监管制度、做好法规政策的相应修改和加强法律修改的宣传引导。本次对《老年人权益保障法》的修正是深化养老服务"放管服"改革的重要体现，也是未来养老服务走向规范化、优质化的制度保障。

在其他涉老相关法律法规方面，2019年12月，中国正式通过《中华人民共和国基本医疗卫生与健康促进法》，在老年人保健事业方面做出明确规定：如第二十五条"国务院和省、自治区、直辖市人民政府应当将老年人健康管理和常见病预防等纳入基本公共卫生服务项目"；第二十八条"加强未成年人、残疾人和老年人等重点人群心理健康服务"；第七十四条"开展未成年人和老年人营养改善行动"等。该部法律的颁布为老年人口健康保障工作保驾护航，对提高老年人口生活质量具有重要意义。

在战略层面，2019年11月，中共中央、国务院印发《国家积极应对人口老龄化中长期规划》，应对老龄化上升为国家战略。该项规划明确了中国人口老龄化的重要意义和目标任务，并且提出了翔实具体的应对措施，对近期至2022年、中期至2035年、远期展望至2050年应对老龄化的思路任务进行了系统性的部署，推动应对老龄化的制度安排由初步建立走向成熟完备。2019年发布的《健康中国行动（2019—2030年）》战略文件从个人和家庭、社会、政府三个层面明确了老年健康促进行动的细则，并将各项目标按职责分工落实到相应部门，有力推动了健康老龄化建设。

在具体政策层面，2017年国务院印发《"十三五"国家老龄事业发展和养老体系建设规划》，明确了老龄事业发展和持续推进养老服务体系建设的任务。"十三五"时期国家各部委发布涉老指导意见、发展规划十数条，突出对养老服务、重点群体、重点地区、老年疾病等方面的针对性工作方案。在养老服务方面，2017年国务院发布《关于制定和实施老年人照顾服务项目的意见》，从重点群体保障、发展居家养老、宜居社区建设、法律援助、老年优待、医保异地结算、老年教育资源等多个方面加强老年人照顾服务。2018年卫健委、发展和改革委、教育部、民政部等11部委印发了《关于促进护理服务业改革与发展的指导意见》，明确要积极发展护理服务业；2019年卫健委与多个部委联合发布《关于建立完善老年健康服务体系的指导意见》《医养结合机构服务指南（试行）》等文件，进一步提高了医养结合机构服务质量，计划到2022年基本建立起综合连续、覆盖城乡的老年健康服务体系。

在老年疾病预防方面，2020年卫健委印发了《探索老年痴呆防治特色服务工作方案》，在试点地区探索老年痴呆防治服务，并确立了到2022年在科普宣教、评估筛查、预防干预、服务团队、专业能力提升以及信息共享服务平台搭建等六项重点任务。可以看出我国关于老年群体的具体政策正在进一步深化细化，在政策制定实施过程中注重贴近老年群体实际，关注特殊老年群体，多层次、多维度保障老龄事业建设。

（3）服务与产品供给体系和供给能力不断提升

随着老龄化程度的不断加深，老年群体对养老服务的需求不断上升。近年来，中国从政府保障、放活市场、多方参与等方面建设养老服务和产品供给体系，在全生命周期健康服务、多渠道养老、医养结合、适老化产品开发等方面不断提高养老服务和产品供给能力。

民政部数据显示，"十三五"时期中国养老机构数、床位数、每千名老年人拥有养老床位数呈现增加趋势，供给能力进一步加强。截至2019年底，中国共有各类养老机构和设施20.4万个，注册登记的养老机构3.4万个，养老床位合计775.0万张，比上年增长了6.6%；每千名老年人拥有养老床位30.5张，较上一年增加了1.4张。分类别来看，2019年社区养老照料机构和设施共有6.4万个，其中社区养老照料机构8207个；社区互助型养老设施10.1万个，共有床位336.2万张；养老机构中特困人员供养机构共有1.6万个，拥有床位164.5万张。

在增加养老服务供给渠道方面，中国开展了普惠养老专项行动，以满足老年人多样化多层次的养老需求。2019年国家发展和改革委、民政部、国家卫生健康委共同修订形成了《普惠养老城企联动专项行动实施方案（2019年修订版）》，并且在2019年下达中央预算内投资14亿元，新增养老床位7万张，吸引了64个城市、119个项目参与，综合运用投资补助、政策支持、金融贷款优惠等多重手段，让更多老年人负担得起相应的养老服务。

在老年人生活环境方面，近年来小区和家庭适老化改造行动明显提升了老年人的居住质量。2020年7月，民政部、国家发展和改革委、财政部、住房和城乡建设部、国家卫健委等9部委联合印发《关于加快实施老年人居家适老化改造工程的指导意见》，推进适老化工作展开。"十三五"期间住房和城乡建设部在广州、韶关、柳州、秦皇岛、张家口、许昌、厦门、宜昌、长沙、淄博、呼和浩特、沈阳、鞍山、攀枝花和宁波15个城市启动了城镇老旧小区改造试点，截至2018年12月，试点城市共改造老旧小区106个，惠及5.9万户居民。

中国超大城市老龄化现象严重，由于老年人口数量庞大、居住环境"老、破、小、旧"问题突出，超大城市老年人口居住适老化改造任务艰巨。北京市2017—2019年累计确认243个老旧小区综合整治项目，涉及2303栋住宅楼、17.8万户，预计投资214.9亿元，截至目前已完成25个项目。2019年已开工86个改造项目，涉及户数5.9万户；老楼加装电梯全年新开工693部，完成555部，惠及2万多位居民。上海老旧小区改造总结出"抽户"改造、老公房加装电梯、"拆落地"工程拆旧建新、小区公共空间"微更新"等适老化改造经验，增强适老功能，提升居住品质，大大方便了老年人的日常生活。杭州市在老旧小区改造过程中特别关注特殊困难老年群体和农村地区，在2019年对200户困难老年人家庭进行了首批家庭适老化改造试点。改造完成后明显改善了困难老年人家庭的适老条件，同时降低了老年人在家庭发生意外的风险。

我国仍然有广大的农村地区，农村老年人占比大，农村养老一直在实践性探索过程中。养老方式主要是以互助养老为形式的政府、村民、社会自治养老，包括互助幸福院、互助养老合作社、互助照料中心，资金来源有政府资金补贴、村集体公有投入、社会慈善募捐。

案例：福建泉州永春县农村居家养老服务站

基本简介：永春县60周岁以上老年人口达8.6万人，占永春县总人口的14.28%。

模式特点：以居家为基础、社区为依托、机构为补充、医养相结合的城乡养老服务体系，打造"15分钟养老服务圈"。规划至2020年，每年新建30个农村居家养老服务站（农村幸福院），提升20个农村居家养老服务站，农村养老服务设施覆盖率达到70%以上。

特色项目：（1）县、镇、村多级养老服务网络和运营。建设农村区域性养老服务中心，通过承包、委托、合资合作等公建民营方式，将乡镇敬老院打包或分期分区打包交由专业化养老服务组织或企业连锁化运营。截至2018年10月，全县拥有各类养老床位数2757张，每千名老年人拥有养老床位数32.1张，敬老院床位使用率35.2%，入住老年人275人。

（2）高中低端养老市场供给。政府托底，重点保障经济困难老年人、孤寡老年人、计划生育特殊家庭老年人和做出特殊贡献老年人等的养老需求，加强公办保障性养老机构、经济型养老机构和老年康复护理机构，增加社会化养老服务供给，保障中、低端养老市场供应。

（3）护理型养老服务和一体化医养结合项目。推动护理型养老院建设，加强老年护理院、老年康复疗养院、综合医院、老年专科医院等养老机构和医疗机构协作，打造以养老照护、健康服务、生活扶助、心理慰藉、文体娱乐为一体的医养结合项目。

（4）老年活动组织。发挥农村基层党组织、村委会、老年协会等作用，积极培育养老服务社会组织，依托农村社区综合服务中心（站）、综合性文化服务中心、村卫生室、农家书屋、全民健身等设施，为留守、孤寡、独居、贫困、残疾等老年人提供丰富多彩的关爱服务。

> （5）惠民养老补贴。为永春县户籍80周岁以上的非机关、非企事业单位的老年人发放高龄补贴、购买意外伤害保险。

随着科技的进步，互联网技术与医疗健康的结合日益紧密，"十三五"期间，中国相继出台了多项与互联网医疗服务相关的意见和工作方案，推动养老相关服务向智能化方向发展。2018年4月，国务院办公厅印发《关于促进"互联网+医疗健康"发展的意见》，明确要健全"互联网+医疗健康"服务体系；2018年7月，国家卫生健康委员会、国家中医药管理局印发了《互联网诊疗管理办法（试行）》等三个文件，进一步规范互联网诊疗行为，保证医疗质量和医疗安全；2019年1月，国家卫生健康委员会发布《"互联网+护理服务"试点工作方案》，将北京市、天津市、上海市、江苏省、浙江省、广东省作为试点地区，以"线上申请、线下服务"的模式服务于出院或罹患疾病行动不便的特殊人群，增强了护理服务的便捷性和可及性。

（4）老年人生活满意度和获得感不断增强

老年人的生活满意度和获得感是其生活质量的综合体现，"十三五"期间，我国通过多项举措从完善养老服务体系、提升养老服务质量、社会福利、社会保障、日常助老等方面进一步增强老年人福祉，使老年人幸福感获得感不断增强。在政策层面，《健康中国行动（2019—2030年）》提倡引导老年人掌握正确的健康知识和理念，参加定期体检，加强健康监测；鼓励和支持老年大学、老年协会、老年活动中心、有资质的社会组织为老年人提供健康服务；改善老年人营养状况，量力而行参加体育锻炼活动；关注老年人精神健康，加强社会工作者和心理工作者的培训，引入社会力量为老年人提供心理辅导、情绪疏解、精神慰藉等心理健康服务。

"十三五"期间，老年人健康医疗服务逐步下沉到社区、家庭。各地为65岁及以上老年人建立健康档案，并提供每年一次的免费健康体检，对老年人进行健康指导和慢性病综合干预，提升老年群体的生活满意度。各地区通过设立社区养老服务驿站，为空巢老年人、失独老年人、高龄老年人等重点群体提供家门口的养老服务，在生活照料、法律维权、文化娱乐、精神慰藉等方面为老年人提供服务，显著提升了老年群体的幸福感。

随着生活水平的提高，老年群体对精神文化生活的需求也同步上升，"十三五"规划明确提出国内所有城市最少开设一所老年大学的奋斗目标。中国老年大学协会发布的数据显示，截至2018年，全国共有超过7万所老年大学和老年学校；截至2016年底，全国有超过800万的老年在校学员，同时还有数百万老年学员参加在线教育。老年大学为老年群体提供了再学习的机会和环境，在学习新技能、培养兴趣爱好、增进社会交往、减少孤独感方面对老年群体实现正向激励，明显增强了老年人口的幸福感和获得感。

社会福利水平的提高切实提升了老年人的幸福感和获得感。《2019年民政事业发展统计公报》显示，2019年全国共有3579.1万老年人享受老年人补贴，其中享受高龄补贴的老年人有2963.0万人，享受护理补贴、养老服务补贴、综合老龄补贴的老年人分别为66.3万人、516.3万人、33.5万人。2011年起中国部分地区已经开始建立高龄补贴制度，2016年已有26个省（区、市）出台了高龄津贴补贴政策，20个省（区、市）出台了养老服务补贴政策，17个省（区、市）出台了护理补贴政策，老年人福利政策体系得以不断完善，更多的老年人能够共享社会发展的成果。

（5）社会敬老尊老的软硬环境不断建立

十九大报告中明确提出，要"积极应对人口老龄化，构建养老、孝老、敬老政策体系和社会环境，推进医养结合，加快老龄事业和产业发展"。在老龄化程度加深的社会背景下，敬老尊老正在成为全社会的广泛共识，"十三五"期间，中国社会敬老尊老的软硬环境得到不断建立和优化。

在硬环境方面，各地积极推进老旧小区改造项目，对居住外环境、居家内环境进行适老化改造，加强街道、社区"老年人生活圈"配套设施建设，为老年人的日常生活需求提供一站式便捷服务。2016年全国老龄办、发展改革委等25部门联合印发了《关于推进老年宜居环境建设的指导意见》，在适老居住环境、适老出行环境、适老健康支持环境、适老生活服务环境方面提出了具体举措，着力解决公共基础设施与老龄化社会、老年人实际需求之间不适应的矛盾，切实提高老年人口的福祉。

在软环境方面，通过政策引领、文化宣讲、志愿服务、评选表彰等举措弘扬敬老养老助老的社会风尚，形成了良好的敬老尊老社会氛围。从2010年起，全国老龄委每年在"重阳节"当月开展为期一个月的"敬老月"活动，通过走访慰问、权益维护、文化活动、志愿服务、主题宣传等多种方式为老年人提供服务，营造良好的敬老尊老氛围，截至2019年，共走访慰问贫困、空巢、高龄、失能等老年人将近1亿人次，发放慰问金和各类物品价值折合114亿多元，各类志愿服务行动超过1.6亿人次，惠及8000多万人次老年人。2019年"敬老月"通过组织老年文体艺术活动、进行老龄化国情教育、提供孝老爱亲公益志愿服务等活动，进一步在全社会范围内提升民众对我国老龄化的认识，动员更多的民众参与到爱老助老行动中来，全社会共同参与老年友好型社会建设。

对于在敬老爱老助老活动中表现突出的集体和个人，国家和地方层面均展开了"敬老文明号"和"敬老爱老助老模范人物"的评选表彰工作。截至目前，有2000余家单位获得全国"敬老文明号"称号，近2000人获得全国"敬老爱老助老模范人物"称号。通过宣传爱老敬老助老的模范事迹，在全社会范围内形成积极的示范作用,树立敬老尊老的良好风气。

3. "十三五"老龄产业发展的基础

在 2013 年《国务院关于加快发展养老服务业的若干意见》(国发〔2013〕35 号)、2016 年《关于全面放开养老服务市场提升养老服务质量的若干意见》(国办发〔2016〕91 号)等政策体系推进下,中国老龄产业快速发展,老龄产业对促消费、稳投资的带动作用非常明显。"十三五"时期,老龄产业已经初步显露出对促消费、稳投资、扩就业等方面的积极作用,同时受到政策和市场的双重支持。

(1) 老龄产业促消费的积极作用

随着人口老龄化和少子化、家庭小型化等社会结构变化,以及经济发展水平和居民消费能力提高,老龄产业对扩内需、促消费的作用进一步显现。

老龄产业作为家庭和老年人刚性需求的趋势不断显现。我国家庭户均规模已由 2000 年的 3.44 人下降到 2015 年的 3.10 人。未来 30 年,老年人口将迎来一个快速增长时期,高龄、失能、空巢老年人比例逐渐加大。

同时,群众消费能力日渐提升。2019 年底中国人均 GDP 超过 1 万美元,预计"十四五"期间将迈入高收入国家门槛。同时,2019 年,中国城乡居民人均可支配收入 3 万元,人均消费支出 2.1 万元,其中城镇居民人均可支配收入 4.2 万元,人均消费支出 2.8 万元。人民群众有意愿也有能力对更高质量、更好品质的生活充满美好期待,到 2020 年,"60 后"即将进入老年行列,他们的消费能力和观念将提升到新的高度。在我国拉动国民经济的"三驾马车"中,净出口受国际环境复杂多变和中美贸易摩擦不断升级的影响而明显下滑,投资收益总体上趋于下降,2019 年消费贡献率为 57.8%,体现出服务业的持续支撑力,老龄产业将成为推动服务业高质量发展的领军行业。

目前97%—99%的老年人在社区居家养老，老年人社区养老的消费潜力巨大。据预测，社区针对失能、半失能和慢性病老年人的养老服务将带动老年人消费规模达到1.9万亿，见表1-5。以具体企业为例，2019年，北京诚和敬养老健康产业集团实际运营北京市内91个养老服务驿站，站均收入50万元，其中政府购买服务只占收入来源的1/4。2019年，诚和敬有3450万元收入来自老年人对服务和产品的消费。其中，服务占比分别为：供餐43%、康复理疗18%—19%、旅游18%—19%、家政11%、日常生活（理发、修脚等）7%、照护2%。

表1-5　　　　　社区养老服务消费带动经济规模

序号	服务种类	目标人群	测算过程	带动经济规模
1	社区失能老年人护理服务	1425万社区居家养老的失能老年人	目前380万机构床位中，按照护理型床位46%计算，只有175万张护理型床位。根据国务院发展研究中心2017年《中国民生调查》的数据以及国际对比失能率6.2%推算，我国约有1600万失能老年人。如果有175万失能老年人在机构养老，剩余1425万失能老年人是社区居家养老。按照民政部测算的居家和社区养老护理费用3200元/月计算，3200×12×1425≈5500亿元/年	5500亿元/年
2	社区健康护理服务	半失能老年人2463万人、慢性病老年人约1.1亿，共约1.35亿	按照国家发展和改革委价格监测中心测算的数据，老年人介助费用840元/月，840×12×1.35≈1.35万亿元/年	1.35万亿元/年
共计				1.9万亿元/年

数据来源：笔者测算。

（2）老龄产业稳投资的积极作用

中央投资带动地方和社会投资养老、适老化改造，持续推动投资稳步增长。"十二五"时期以来，国家发展改革委安排中央预算内投资支持养老服务设施建设力度不断加大，从2011年的9亿元提高到2017年的30亿元，七年间投资总数超过166亿元。民政部从2011年到2017年安排了81亿元彩票公益金支持养老服务体系建设。从2013年到2015年，中央财政累计投入30亿元，支持10万个农村幸福院建设。从2016年开始，中央财政每年投入10亿元、累计50亿元，开展居家和社区养老服务改革试点。从2019年开始，国家发改委、民政部、卫生健康委等三部门推出"普惠养老城企联动专项行动"，安排中央预算内投资14亿元增加医养结合型、社区骨干网等普惠床位建设。2020年专项行动继续加大投资力度，同时鼓励旅居型、学习型老年机构建设。此外，健康养老服务体系建设、老年友好型社区建设、老年大学建设等政策举措，将逐一落地，全方位提升各地积极应对人口老龄化能力。各地财政配套投资、社会资本参与投资的热情也不断高涨。

近两年，在国家政策推动下各地启动老旧小区改造工程，对政府投资带动社会投资发挥了有利的作用。据预测，城镇老旧小区室内外适老化改造将带动投资3.6万亿元，见表1-6。

表1-6 适老化改造投资拉动经济规模

序号	投资内容	测算过程	带动经济规模
1	城镇老旧小区加装电梯	假设城镇4—6层的多层住宅小区需要加装电梯，根据2015年全国1%人口抽样调查数据，共涉及7890万户。以每单元15户（一梯三户）、每部电梯40万元计，每户需要分担3万元，则共需投入2.37万亿	2.37万亿元

续表

序号	投资内容	测算过程	带动经济规模
2	城镇老旧小区加装无障碍坡道	假设2000年以前建成的住宅小区（除平房外）需要加装无障碍坡道，根据2015年全国1%人口抽样调查数据，共6645万户。如果每个坡道1万—2万元，每户分担1000元，则共需投入665亿	665亿元
3	城镇家庭室内适老化改造	假设城镇家庭室内适老化改造共需5000元/户，根据2015年全国1%人口抽样调查数据，城镇家庭户共有2.27万个，则共需投入1.13万亿元	1.13万亿元
共计			约3.6万亿元

数据来源：2015年全国1%人口抽样调查资料，笔者测算。

（3）中央和地方政府积极通过政策推动产业发展

在中央和地方政府的推动下，老龄产业将迎来更佳的发育成长环境。

党的十九大报告提出实施健康中国战略，且健康中国行动推进委员会印发了《健康中国行动（2019—2030年）》并明确提出"大力开展健康养生、健康体检、咨询管理、体质测定、体育健身、运动康复、健康旅游等多样化服务"。同时，在党的十九届四中全会《中共中央关于坚持和完善中国特色社会主义制度 推进国家治理体系和治理能力现代化若干重大问题的决定》中亦明确指出"积极应对人口老龄化，推进医养康养相结合"，康养成为重点推进领域首次见诸党中央文件中。2019年发布了《国家积极应对人口老龄化中长期规划》，规划周期分别到2022年、2035年和21世纪中叶，明确提出"打造健康服务体系"和"健全老有所养的养老服务体系"，持续改善老年人健康养老服务，同时发展"银发经济"，鼓励和支持养老服务业与其他相关产业的融合发展。可见，发展老龄产业是实现"健康中国2030"的必然要求，也是积极应对人口老龄化的重要举措，是面向21世纪中叶我国持续推进、重点布局的发展领域。

各部门、各省市均密集出台支持老龄产业发展的政策意见，老龄产业项目频繁落地。当前，结合《国家积极应对人口老龄化中长期规划》落实工作，国家发改委、卫健委、住建部、民政部等相关部门都在部署规划落实政策，其中与老龄产业相关的政策点非常多。国家发改委落实规划要求推进应对人口老龄化创新试点城市建设，鼓励城市地区依托自身基础和优势创新政策和市场机制，探索应对人口老龄化的创新举措。在政策推动和社会预期作用下，全国各地纷纷布局。江浙沪依托张江、泰州、常州等健康产业发展布局深度人口老龄化地区应对方案；广西全境开展健康养老示范区规划；深圳、广州、中山等地依托珠三角规划和粤港澳大湾区规划推动健康医疗、生物医药、健康养老等产业落地；河北北戴河、陕西安康等依托自身优势发展旅居养老、中医药旅游等优势产业，等等。谋定而后动，各地呈现出一幅百舸争流的老龄产业发展态势。

（4）老龄产业成为资本和市场追逐的热点

老龄产业的市场前景广阔，国有、民间资本投资热度持续升温，企业营收情况逐渐好转。随着养老服务受关注度的提高和创新要素的融入，养老服务的产业形态也在不断变化，新兴业态不断涌现，新的技术也加快应用。社会资本在健康养老领域投资热潮不断兴起，金融、地产、保险、互联网等资本不断进入健康养老、老年地产、养老养生、养老旅游等跨界融合的行业，养老服务业被催生成朝阳产业，受到社会资本的热捧。

根据养老企业投资回报情况分析，目前多数企业尚处于亏损状态，但发展趋势和营收前景乐观。根据民营企业寸草春晖养老护理机构反映，企业自2011年成立以来，目前运营机构8个（其中7个入住率达到90%以上），在建项目9个，扩张速度比较快。单个养老机构入住率达到70%—80%时，经营上可以持平；如果将前期建设投入按照10年进行折旧摊销，回收周期平均在6—8年；收回成本后，整体运营利润率在3%—8%。根据国有企业诚和敬养老集团反映，2018年企业营业收入2200万元，亏损4037万元；2019年企业营业收入4600万元，亏损3340万元。2019年有31家养老驿站实现盈亏平衡（2018年是12家），有4家营业收入突破百万元。应当说，企业经营前景是乐观的。

行业内对老龄产业的发展规律也有一定判断。其中，Agelifepro进行的市场研究表明，养老社区（CCRC）、养老机构、社区居家构成了中国养老的"三驾马车"，这些年养老行业的发展与变革几乎都围绕这三者。在养老社区维度，发生的3个明显变化是：行业对养老社区的投资属性越来越认可；非远郊、非新建类型养老社区开始出现；带产权/共有产权养老社区陆续入市。在养老机构维度，发生的两个变化是：养老企业，包括头部企业在内，开始积极拥抱政府项目（公建民营、公办民营、PPP）；更加看重区位和效益，前者决定了去化速度，后者决定了盈利能力。在社区居家维度，发生的3个变化是：主攻政府购买服务；优先获取带长住床位的社区站点；跳出传统养老认知，积极引入创新产品和服务。

专栏　养老服务行业&市场最新发展

1. 从关注"整体规模"，到关注"单体质量"

早期阶段，养老企业更关注养老项目的"整体规模"：5年80个项目、10年100000张床位的论调经常出现在各大论坛，而现在则更关注养老项目的"单体质量"：是否能快速去化、是否能实现盈利……

2. 从关注"产品体系"，到关注"明星产品"

早期阶段，养老企业更关注"产品体系"的打造，但经过实践后，发现有些产品线短期内并没有商业逻辑，或是与企业资源不匹配，快速进行了产品线的整体调整、增加和删减，现在更关注那些能盈利、可复制的"明星产品"。

3. 从关注"盈利模式"，到关注"盈利能力"

早期阶段，养老企业更关注"盈利模式"的研究，现在更关注不同盈利模式下，盈利能力的打造。

4. 从关注"客户单价"，到关注"动态坪效"

早期阶段，养老企业更关注如何实现更高的"客单价"，现在则更关注"动态坪效"，因为客单价很高的项目，往往动态坪效很低，而坪效才是决定一个养老项目是否盈利和利润空间的关键指标。

5. 从关注"整体自营"，到关注"业务合作"

早期阶段，养老企业更倾向各个模块都采取全部自营的方式，现在已经开始尝试与外部企业合作，进行模块化的业务分包，实现成本优化。

6. 从关注"战略统筹"，到关注"一城一策"

早期阶段，养老企业希望全国一盘棋，统筹布局，现在则会更多地进行"一城一策""一区一策""一街道一策"的布局方式。

7. 从关注"高龄客户"，到关注"低龄客户"

早期阶段，养老企业将客户重心都放在"高龄客户"，无论是养老机构、还是养老社区（CCRC），平均入住年龄都在80岁+，现在开始更关注"低龄客户"的产品和服务层面的商业创新。

同时，随着一线城市物业获取成本和难度的进一步加大，全国性养老企业已经开始将战略重心转移到新一线、二线城市，基于盈利的压力，产品选址标准也越来越苛刻。很多养老企业已经开始跳出传统的养老视野，关注老年消费和创新服务。

资料来源：Agelifepro公众号。

（四）老龄事业和产业面临的问题

1. 老龄事业和产业发展存在的问题

中国养老事业领域本身存在一些难以突破的问题，如筹资制度不健全，导致资金基础难以持续支撑事业发展；基本养老制度尚待明确建立，养老服务和保障兜底性机制设计不到位；供需不匹配问题突出，尤其是各地发展的不均衡不充分作用于老龄行业尤为凸显。

（1）养老筹资机制尚不健全

首先，中国多支柱养老保险体系尚未形成。中国第一支柱的基本养老保险占比过高，第二支柱的职业年金、企业年金和第三支柱的商业保险对养老的支撑作用严重不足。根据中国劳动和社会保障科学研究院的研究显示，截至2016年，在我国养老金构成中，第一支柱占74%、第二支柱占23.1%、第三支柱占2.9%，而美国的养老金构成则分别为10%、61.9%、28.1%。

其次，超过5.2亿城乡居民养老保险参保者的保障程度过低。在基本养老保险中，城乡居民养老保险的参保人数（2018年底为5.25亿人）远远高于城镇职工养老保险参保人数（4.18亿人），但城乡居民养老保险基金的结存额仅为城镇职工的15%，保障程度低。

再次，基本养老金受劳动力人口占比的影响持续下降。财政补助将城镇职工养老保险当期结余出现赤字时间从2019年推迟至2028年，但仍难以扭转当期结余的趋势性变化。部分地区由于持续性人口外流，早已出现养老金入不敷出现象。企业职工退休工资待遇本身较低，2018年全国企退人员平均养老金仅为2636元，仅为机关事业单位退休人员退休金的1/3—1/2，如遇养老金穿底很容易引发社会稳定风险。

最后，中国长期护理保险制度仍处于试点阶段，尚未建立全国制度。除了养老保险以外，医疗保险和长期护理保险是老龄社会最重要的两项筹资制度。其中长期护理保险是针对社会化服务的重要支付制度，但中国15个长期护理保险试点城市的经验尚未在全国推开，各省市纷纷在探索建立各地的社会保险和商业保险等不同类型。

（2）基本养老服务制度尚待完善

中国对特殊人群的养老服务兜底保障包括两方面：一是保障特困人员供养，能够确保有意愿入住敬老院的特困人员全部实现集中供养。《国务院办公厅关于推进养老服务发展的意见》（国办2019年5号）提出了实施特困人员供养服务设施（敬老院）改造提升工程，其中包括改造升级照护型床位，开辟失能老年人照护单元等。二是对经济困难的高龄老年人给予养老服务补贴；对生活长期不能自理、经济困难的老年人给予护理补贴。《国务院办公厅关于推进养老服务发展的意见》提出，充分发挥公办养老机构及公建民营养老机构兜底保障作用，在满足当前和今后一个时期特困人员集中供养需求的前提下，重点为经济困难失能（含失智）老年人、计划生育特殊家庭老年人提供无偿或低收费托养服务。

但是，我们始终没有明确地建立基本养老服务制度，没有建立基本养老服务清单和标准。目前的特困人员供养和两项补贴制度，不能全面涵盖国家对庞大老年人群体的服务保障，亟须加以建立和完善。

（3）困难群体和地区的养老服务问题突出

中国幅员辽阔，地区经济发展存在不平衡现象，城乡、区域老龄事业发展和养老体系建设不均衡问题突出。在偏远、经济发展落后和人口收缩地区，经济发展动力不足，导致应对老龄化相关举措实施乏力，养老服务体系不健全，当地老年人的基本生活难以得到有效保障，进一步加大了老年群体内部的生活质量差异。尤其在农村和西部地区，老年人相对比重高，困难老年人数量多，老年健康知识匮乏，老年人留守和精神孤独问题尤为突出，但囿于养老服务和设施短缺，无法有效应对老龄化带来的冲击，致使城乡养老差距逐步拉大，应予以高度重视。

老年弱势群体保护有待加强。中国老年人口数量庞大，内部分化现象明显，存在老年群体内部的不平等情况。老年弱势群体有更高的患病风险以及贫困发生风险，尤其是农村、女性、留守、失能失智老年人等弱势群体，亟须加强保障水平。目前特定老年弱势群体的相关政策较少，下一阶段老龄工作可以针对老年弱势群体，在制度设计、政策保障、措施落实等方面，提升工作精细化水平，在建立健康档案、疾病筛查和护理干预、养老服务兜底等方面，应将老年弱势群体作为重点对象，切实提高老年弱势群体的生活质量。

（4）养老服务体系发展不均衡问题尚待解决

地区发展不均衡。北、上、广、深等一线城市户籍人口老龄化严峻，常住人口老龄化水平与国家趋同，应对人口老龄化的经济基础尚可。但是，人口收缩型地区的老龄化程度日趋严峻，将直接导致经济发展动力不足，可持续发展受阻，一些边境、节点性地区人口失衡甚至会危及国家安全。而且，在边疆边境地区、农村地区，劳动力人口净流出往往与经济发展水平不高相关，导致经济发展落后地区老龄化程度更高但养老服务体系并不健全，老年人的基本生活和服务得不到较好的保障。

服务体系内部发展也不甚均衡，老年人多层次物质精神需求待满足。在基本养老服务的基础上，老年群体日益表现出多样化、多层次的养老需求，既包括生活环境、老年日用品等物质方面的需求，还包括社会融入、自我提升、获得感满足感等精神方面的需求。在养老服务方面存在有效供给不足、质量效益不高、专业人才短缺等问题，供求矛盾依然严峻。目前我国老龄产业发展仍处于起步阶段，不同类型的老年人消费需求各异，在护理、康复、旅居养生、智能养老、老年辅具等方面的产品供给仍显不足，尚未做到精准化、专门化。随着老年人口素质的不断提升，老年人在知识提升、文化娱乐等方面的需求愈加旺盛，上海、杭州、济南等城市的老年大学已出现名额供不应求的现象，当前我国老年文化场所和活动尚不能满足老年人日益增长的精神文化需求，亟须加强老年文化设施和场所建设。

2. 新冠肺炎疫情中凸显的问题

2020年初始，新冠肺炎疫情席卷全球。面对疫情压力，中国及时出台养老机构疫情防控及老年人就医、居家等措施指南，切实降低了老年人感染率，减少了重症和死亡病例，凸显出中国以人民为中心、保障老年人健康安全的巨大体制优势。但是，疫情"大考"中也暴露出中国养老服务行业的关键问题和突出短板。为进一步增强行业抵御突发事件打击的能力，为老年人提供更优质可靠的服务保障，亟须补短板、强能力，推动行业健康良性可持续发展。

新冠疫情凸显出养老服务领域存在五大问题。

首先，养老机构缺乏必要的传染病防控意识、预案和能力。

由于缺乏传染病防控设施、人员和手段，养老机构疫情高发。位于疫情中心的武汉市社会福利院在2019年12月至2020年1月中旬共有19人死亡，只有一人确诊新冠肺炎，其余未安排核酸检测。福利院从1月21日实施封闭管理，但仅封闭大门和基本消毒，院内人员没有戴口罩等防护，也未对密切接触人员进行细致排查。截至2月19日，院内累计确诊12例，其中老年人11例；疑似19例，其中老年人7例。全国养老机构于1月25日开始陆续采取封闭管理。但是，齐齐哈尔圣水湖养老院2月中旬仍有24人确诊。疫情期间，杭州彩虹鱼康复医院负责对上城区养老机构进行院感防护培训，称养老机构大多没有传染病防护意识、预案和能力。

其次，应急下针对刚需老年人的托底性养老服务基本停滞。

疫情期间，居家社区养老服务基本停滞，独居巡视、高龄助餐等刚需服务一并叫停。2月份，福建金太阳康养公司、青岛青鸟软通社区居家服务零收入，北京诚和敬社区驿站实体门店收入环比下降84%。鹤童养老院运营的京津两地七家日间照料中心全部关停，老年餐饮配送中心在疫情初期仅保留20%业务为孤寡老年人送餐，后因社区封闭全部终止。大量隔离在家的高龄独居、失能半失能老年人基本生活和心理健康受到严重影响，家庭照料不堪重负，社区工作在防疫同时肩负居家服务，任务重、兼顾难，而养老企业心有余、难企及。应急响应缺失暴露出基本养老服务制度和法律不健全的深层次问题。

再次，公办机构在疫情防控中的示范和辐射作用表现不充分。

疫情期间，民办机构在养老服务支援队中挑起大梁。2月下旬以来，四省援鄂队伍陆续汇集武汉，包括安徽静安健康产业集团26人、江苏无锡九如城养老产业集团40人、上海人寿堂养老集团59人、湖南康乐年华养老产业集团9人。此外，湖南长沙市第一、二、三社会福利院，南京市祖堂山社会福利院等公办机构也参与了援鄂行动。各地民办机构在防疫助老方面表现突出，杭州彩虹鱼康复医院协助上城区民政局制定院感防疫指南，并指导培训各养老机构严格落实；无锡九如城参与起草全国《新冠肺炎疫情高风险地区及被感染养老机构防控指南》，制作了《九如城疫情下的院感操作手册》等。相比之下，各地公办机构在预防救治、抗疫驰援等方面的示范和辐射效应并未集中体现。

又次，民办机构营收失衡艰难维持，凸显盈利模式单一。

民政部调查显示，疫情对民办养老服务机构的影响较大。民办养老机构封闭管理停止接收新入住老年人，春节期间回家过节的老年人不能返院，收入同比减少20%左右；同时人员的薪酬和加班补贴、防疫和生活物资购置等开支同比增加20%—30%。以日间照料和上门服务为主的社区养老服务机构基本处于关停状态。应急下民办机构营收失衡的深层次原因是养老服务产业链条短、盈利模式单一，尤其是社区居家服务一旦服务路径关闭，行业将面临生存危机。

最后，行业资金和人才要素由"紧平衡"加快走向"紧缺"。

养老服务本身属于前期投入大、服务周期长、劳动力密集的薄利、微利行业，依靠持续稳定的服务回报维持运转。一旦遭遇突发事件，应急管理下服务中断则营收断崖式下降，大型企业资金链仅能支撑3—4个月，中小型企业则会面临资金链断裂并引发债务风险，生存底线受到严重冲击。同时，疫情期间服务人员返院、上门复工难，养老机构仅有的留院护理员照护任务加倍、防疫消毒任务加大，大量护理员对工作产生疲惫甚至抵触情绪，对从业人员持续供给造成负面影响。经此一役，养老行业发展要素不足等问题更加凸显，一旦有机构被迫关停，更需应对老年人安置等后续问题，对行业可持续发展和社会影响将造成更大压力。

3. 疫情常态化下养老服务发展的启示

（1）强化养老行业整体院感防护和应急能力

强化养老服务全行业应对突发事件的应急响应和处置能力。应急响应下，主管部门建立应急响应绿色通道，提供全行业必需的物资和技术支持。制定养老机构突发公共事件应急处置预案，建立区域养老服务应急支援队伍，对遇到突发紧急事件、无法自我处置的养老机构，给予支援。建立健全养老机构院感防护指南，加强养老机构日常疾病预防控制和健康管理工作，将防控流程、人员培训、设备物资等列入监管检查范围。加强养老服务质量与安全管理。开展《养老机构服务安全基本规范》强制性国家标准实施准备工作，推行全国统一的养老机构等级评定制度，建立健全养老服务综合监管制度与养老机构服务质量建设长效机制。

（2）确保基本养老公共服务持续稳定不间断

明确基本养老公共服务并纳入相关法律制度体系，包括失能、部分失能特困人员兜底保障、老年人能力评估等制度，将高龄独居老年人巡视探访、助餐助医等服务纳入服务清单，强化老年人健康管理服务，对慢性病管理、病术后康复护理等服务细项进行明确界定。坚持平战结合，制定基本养老公共服务应急预案，确保特殊群体常态、应急均能获得服务。对空巢（独居）、生活不能自理且子女亲属受突发公共事件影响不能照顾的刚需老年人，充分发挥应急管理机制保障作用，动员村（居）民委员会、物业企业、养老服务机构等做好上门帮扶或接收入住养老机构。

（3）增强公办机构应急管理的示范辐射作用

明确公办养老机构改革的方向，建立包括中心养老机构、蓄水池医养机构与隔离床位养老机构在内的养老机构体系。在每个省（市、区）建立一个中心养老院，应对突发重大公共事件，收住对机构养老有刚性需求但又暂时无法入住机构的老年人，发挥战时应急治理作用。大力发展医养结合型养老机构和护理型机构，使之承担养老、防疫责任。在每个地级市遴选出一个医养结合养老机构，在突发重大公共卫生事件发生时，收住轻症老年人，发挥医疗机构蓄水池作用。发展若干具有10%以上隔离床位的养老机构，由政府在征用隔离床位开展医学隔离观察时予以补贴。

（4）广泛拓展延伸养老行业产业链和价值链

支持社会养老机构延长产业链条。制定养老服务机构经营销售老年产品用品的负面清单，允许养老服务机构以提供服务为主、销售产品为辅，拓展业务范围和盈利来源，增强抵御风险的能力。探索建立养老产业生态圈，鼓励和培育多种形态的长链条养老产业，发展康复辅具＋康养服务、金融保险＋养老服务、老年地产＋康养服务、教育培训＋文化养老、特色农业＋旅居养老等。

支持社会养老机构创新服务方式。促进居家、社区、机构融合发展，推广整合照料模式，发展围绕家庭消费的养老服务产业。发展养老服务"O2O"模式，以线上服务弥补线下服务的局限，以线下服务改善用户的服务体验。在突发公共事件发生时，采取严格的"封闭式管理+智慧化服务"措施，吸收养老服务人员针对刚需老年人开展上门服务。大力发展民办机构，发挥其在专业性、特色性服务方面的优势。

(5) 切实推动养老服务企业降成本、扩融资

鼓励各地制订养老行业振兴计划。重点向普惠养老机构、收住比例超过80%的机构、收住介护老年人超过50%的机构发放运营补贴，将针对中小微企业的减税降费、房租减免等政策延伸至民办非企业单位养老机构。鼓励基层政府协助协调辖区内商用物业租金减免等优惠路径。优化授信条件，为确有资金困难机构提供无息贷款、还款展期、无还本续贷等优惠。推动产融结合，发展项目收益权或现金流折现融资、"信托+基金"模式、金融租赁模式与政府直接出资LP模式。

拓展养老服务的制度性筹资来源。扩大长期护理保险制度试点范围，鼓励地方探索商业长护险种，整合目前的建设补贴、运营补贴与高龄津贴等，建立长期护理保险基金。

(6) 多种形式增加人力资源和替代产品供给

壮大养老护理员队伍。对养老护理员、社区工作者等岗位实施稳岗补贴，对疫情期间坚持岗位的优秀从业者给予表彰鼓励。通过多种渠道招聘从业人员，提高护理员福利待遇和社会地位，为后疫情时期养老服务需求增加储备人员。推动形成若干区域性公共卫生和护理人才培养基地，开展养老服务人才培训提升行动，开展养老护理员、养老院院长、老年社会工作者培训工作，逐步提升养老机构护理服务能力。

加快支持康复辅助器具产业发展。鼓励研发生产型企业与养老机构、社区驿站等实现"研发—制造—试用"一体化，推动康辅器具、智能设备、养老机器人研发使用进程。在社区配备康辅器具试用、租赁和售后窗口，推动产品与服务融合发展。加快老年人家庭适老化改造，开发智能家居、在线培训和文化娱乐服务产品，为智慧养老产业拓展现实场景。

（五）"十四五"老龄事业和产业的协同发展思路

1. 充分发挥人口老龄化基本国情对下一阶段培育强大国内市场的积极作用，将人口老龄化势能转化为经济发展的持续动能

中国具有形成老龄产业强大国内市场的主体优势：从需求侧，人口老龄化发展态势、城乡居民收入增长态势等，都持续推高老龄产业消费升级；从供给侧，以企业和社会组织为主体的供给主体，在政策和需求双向引领下不断推动产业升级。供需双方形成的强大市场动力，将形成推动经济发展的新动能，为老龄社会财富储备贡献力量，有效缓解筹资动力不足等问题。

从"十四五"时期开始，中国人口老龄化将进入快速上升期。老龄社会将充分释放出对康养服务业、老年产品、科技创新等方面的巨大需求。"十四五"时期老龄产业作为以人群划分的产业门类将专门制订产业规划，从服务产品、保险金融、房地产和城市更新等角度形成产业合力，重点推动多层次养老服务业、老年功能代偿用品、医疗器械和康复辅具、商业保险和老年金融、城市更新和适老化改造等领域发展。融合二、三产业和科技创新的老龄产业可能成为一些深度老龄化地区的主导产业。

但是，老龄社会并不会天然形成强大市场，强大市场的形成尚需市场规则、市场基础设施、要素市场、内外融通等方面的建设和配合。只有形成公平公正的市场规则，完善服务各类市场主体的基础设施，扫清要素市场的各种掣肘和壁垒，推动

国内国外两个市场互相融通，才能真正在人口老龄化趋势下培育出强大市场，推动中国人口与经济协调发展。

2. 充分发挥老龄事业对保障亿万老年人基本权益的重要作用，持续推进老龄事业改革发展，制定基本养老服务制度，加强农村等困难地区养老服务体系建设

"十四五"时期，推动构建与经济社会高质量、可持续发展相适应的，以扶老、助残、爱幼、济困为重点的，具有中国特色、回应需求、精准匹配、支持家庭发展的社会福利制度体系。在此框架下，建立涵盖传统福利对象和事实需要帮扶老年人的基本养老服务制度。制度包含基本养老服务内容、标准和支出责任并随经济发展水平动态调整，使之与我国扶贫攻坚后的反贫困长效机制相适应，与提升农村养老服务水平相配套，与社会主义现代化建设相呼应。

持续推动老龄事业发展和改革，深入推进养老领域"放管服"改革，在全国范围内逐步实现公办养老机构改革。鼓励社会力量通过独资、合资、合作、联营、参股、租赁等方式，参与公办养老机构改革，提高运营效率和社会主体积极性。

3. 充分发挥养老企业对扩大养老服务供给的推动作用，构建政府、企业、社会合理分工、通力合作的中国特色养老服务体系

应对人口老龄化是全社会共同的职责和使命，亟须建立多主体统筹协同的合力。与欧美日等发达国家和地区重点依靠慈善公益组织提供为老服务有所不同，中国慈善公益事业尚在发展中，面对旺盛的服务需求和市场热情，中国将在世界上率先探索一条兼顾公益性和市场化的养老服务业发展道路。"十四五"时期为企业发展培育良好的市场营商环境成为扩大服务供给的重中之重。

创新公平环境。企业多次呼吁希望享有与民办非企业单位机构在财政补贴、项目申请等方面同等待遇。建议建立新型的社会企业制度，既具有社会公益性质，又按照企业模式运营与管理，创造养老产业良性的市场化运营环境。

创新要素环境。鼓励各地创新性地推出土地、金融、人才等支持性要素供给，与企业实现联动，为企业减负助力。通过创新信贷融资，应用债券融资，优化基金支持，完善政府购买，多渠道为养老服务企业提供资金支撑。鼓励将养老服务从业人员和产业人才纳入人才支持目录，从育才、引才、用才等多角度壮大从业队伍。与其他行业相比，养老从业人员整体薪酬水平偏低，行业人员缺口大，流动性高，可以考虑对从业人员在个人所得税方面给予一定的政策支持，例如在专项附加扣除中增加从事养老服务业的扣除项目，以鼓励更多人员进入并且长期留在养老行业。强化民政、卫生、规划、建设、质监等多部门对行业的共同监管。引导基层政府积极作为，与市场主体共同改造、利用社区综合服务设施，增强社区服务功能。

创新监管环境。尤其要动员基层政府客观认识、积极服务养老服务企业。服务城市老旧小区的养老服务企业多有面临设施不到位，消防不达标，经营范围受质疑等问题，建议街道和区县卫健、民政、市场监管等部门加强统筹协作，积极疏通企业经营堵点，更好地发挥便民利民作用。

4. 充分发挥科技创新对老龄社会供需双方的支撑作用，以科技引领应对人口老龄化工作不断提升

应对人口老龄化的核心问题就是靠什么养老、靠谁养老，除了通过增强社会保障支撑力和建立多层次养老服务体系来解决"钱"和"人"的问题以外，"科技"是应对人口老龄化的重要支撑变量。目前，从要素配置角度，老龄产品包括智能产品的广泛应用能够极大降低人工成本提高的影响，从而降低老龄社会支出总费用。下一步，应积极开发应用康复辅助器具技术、智能照护机器人技术、生物工程技术、新型材料技术以及大数据、物联网等在老龄产业中的研发和集成应用，推动老龄产品研发制造纳入制造强国发展战略，实现老龄产业的长链条、高标准发展。

未来科技创新将快速迭代现有的体系和模式。科技可能会超越一切传统要素，成为应对人口老龄化的重要支撑变量。老年智能产品的快速普及能够极大规避人工成本提高的影响，从而降低老龄社会支出总费用；科技产品也将改变老龄社会的生活环境和社会交往模式，建设有温度的老年友好型未来社会将是科技创新的基本宗旨。"十四五"时期，推动养老服务与智能产品相结合，实现老龄产业链条增长、科技元素增加，搭建起一个虚实结合、智慧共享的应对人口老龄化的综合立体架构。

（六）"十四五"老龄事业和产业的重点发展领域

1. 加快建立服务筹资机制

中国已经建成了世界上规模最大、覆盖人口最多的社会保障体系。在养老服务保障领域，通过借鉴世界上人口老龄化程度较高国家的经验，也在探索建立长期护理保障制度，保障失能失智老年人的长期照护需求。"十三五"以来，中国积极开展长期护理保险的试点工作，明确了15个试点城市和两个联系省份，一些地方也自行开展了试点工作，在制度框架、政策标准、运行机制、管理办法等方面做了有益探索。

"十四五"时期，将着眼于建立独立险种，独立设计、独立推进的基本方式，继续积极扩大长期护理保险政策试点，注重完善参保、基金筹集、待遇支付等方面的基本政策，加强基金管理、服务管理、经办管理方面的运行机制创新。"十四五"期间，基本形成适应经济发展水平和老龄化发展趋势的长期护理保险制度政策框架，探索建立以互助共济方式筹集资金，为长期失能人员的基本生活照料和与之密切相关的医疗护理提供服务或资金保障的社会保险制度。加强护理保险与其他护理保障政策间衔接，推动建立健全满足群众多元需求的多层次长期护理保障制度。

2. 夯实重点薄弱领域工作

一是农村地区养老服务体系建设。明确城乡和区域应对人口老龄化发展思路，全面落实养老服务领域"补强提"。重点落实中西部农村地区、民族边境等落后地区的养老服务体系建设补短板工作。从健全服务网络、拓宽基金渠道、建立协作机制三方面进行部署。鼓励各地建设农村幸福院等自助式、互助式养老服务设施。加强农村敬老院建设和改造。

二是医养结合、康养结合还需要广泛开展。党的十九届四中全会明确提出"医养康养相结合"，调整了此前医养结合聚焦医疗诊疗与养老服务结合的倾向，更加突出了医疗前端健康管理和医疗后端康复护理两个重要环节，凸显了健康在整体人口老龄化和个体晚年生活中的双重重要性。2020年开年，《医养结合机构服务指南（试行）》明确了兼具医疗和养老服务机构的基本要求，更规范了医养结合的服务内容和流程。伴随我国人均预期寿命不断提高，老年人口日益增多，健康余命才能带来幸福晚年。未来十年，伴随《健康中国行动（2019—2030年）》的落实，健康老龄化将持续通过制度落实、机制设计体现在积极应对人口老龄化的各项工作中，体现在老年人的晚年生活中，与此相关的健康教育、健康宣传、医药研发、诊疗规范、康复保健、专业护理、安宁疗护等健康领域政策和实务将持续加强。

3. 建立基本养老公共服务制度

从2019年开始，养老服务领域"保基本"原则更加明晰，包括推动确立基本养老公共服务标准,开展县以下特困人员供养设施改造提升工程等。未来十年,"基本养老服务清单和标准"作为政府承诺向老年人提供的基本公共服务,将明确下来并随经济发展水平动态调整。同时,建立与我国扶贫攻坚后的反贫困长效机制相适应,与提升农村养老服务水平相配套,与社会主义现代化建设相呼应的养老服务兜底保障制度将提上日程,这是积极应对人口老龄化任务体系下政府责无旁贷的职能。保障每一位孤寡困难老年人享有安宁的晚年生活,将是社会主义现代化目标的应有之义。

4. 扩大普惠养老服务供给

2019年国家发展改革委、民政部、卫生健康委联合推出"普惠养老城企联动专项行动",意在引导市场和社会增加"基本以上、高端以下"的养老服务。服务形式包括医养结合、社区嵌入、旅居型、学习型等,重点面向大多数中低收入老年人。"十四五"时期,扩大中端养老服务市场供给,为老年人提供更多样更优惠的服务产品选择,满足多层次养老服务需求,仍将是养老服务领域的重点任务。可以预见,"老百姓最需要什么,政策就支持什么",普惠养老支持性政策仍将延续。"十四五"时期,普惠养老模式有望在行业细分中筛选出"踏实做服务"的市场主体、公益慈善类社会主体以及创设出养老服务社会企业,共同深耕养老市场,创新供给模式,推动供需精准对接、养老服务回归准公益服务的本源。

(七)"十四五"老龄事业和产业发展的关键举措

结合《国家应对人口老龄化中长期规划》中的重大政策、重要工程和项目建设、重点改革举措等,"十四五"时期应重点推进如下关键举措。

1. 兜底性长期照护服务保障行动

到 2022 年全国养老机构护理床位占比不低于 50%，生活不能自理的特困老年人集中供养率不低于 60%。进一步扩大长期护理保险制度试点。到"十四五"末，初步形成适应经济发展水平和老龄化发展趋势的长期护理保险制度政策框架。扩大长期护理保险制度试点，从职工基本医疗保险参保人群起步，探索建立互助共济、责任共担的多渠道筹资机制，明确单位和个人缴费责任。建立筹资动态调整机制。明确基金支付范围，基金支付水平控制在 70% 左右。建立健全护理型养老床位认定标准，拓展护理型养老床位纳入长护险试点比例，建立健全护理型床位的筹资机制和保障水平。鼓励发展商业性长期护理保险产品。积极发展多样化、多层次、规范化的商业护理保险服务，鼓励有条件的地方积极支持商业保险机构开发长期护理商业保险，以及与老年护理服务相关的商业健康保险产品。探索建立商业保险公司与提供老年护理服务机构合作的机制。在试点的长期护理保险制度下，社会保险经办机构可以探索委托管理、购买以及定制护理服务和护理产品等多种实施路径、方法，在确保基金安全和有效监控前提下，积极发挥具有资质的商业保险机构等各类社会力量的作用。

2. 丰富老年人文体教育娱乐计划

"十四五"应更重视对老年人精神生活需求的满足，鼓励各类文化旅游教育体育等产品和服务的推广。传统上将老龄事业聚焦于健康、养老等领域，伴随老年人群体规模的增加、生活水平的提升等各种变化，老年人群体对文化娱乐教育体育等方面的需求日益旺盛。文旅产品与养老、健康等关联度非常强，既可以独立运营又能够附着在养老相关服务上，提高服务的附加值和感受度。2022 年，县以上城市至少有一所老年大学，

50%的乡镇（街道）有老年学校，经常参加老年教育的人口占老年总人口的1/5以上。老年学校包括多种形式，主要为活跃老年人精神文化生活，提升老年人晚年生活幸福感。

针对老年消费者的消费特点和需求偏好，推出适宜的产品服务。针对老年人旅游具有消费补偿性动机的特点，适时推出老年金婚银婚旅行的产品和项目；利用优质自然资源、传统文化资源、中医养生等文化旅游类资源，开发文化研学游和康复保健游等项目；围绕书画、花卉、垂钓、摄影等老年人喜爱的兴趣爱好内容，推广特色性老年旅游项目和产品。这些都是文化和旅游产业可以发力的切入点和爆发点。尽管当前老年群体消费水平逐年提升，但爱节俭重实惠的消费心理依然很重。有商家打起了刺激老年文化消费的福利牌。一些电影院、KTV、剧场、博物馆等经营场所，将白天时段以惠民价格对老年人群开放，既惠及了老年群体，拓展了新的市场空间，也填补了空白时段的经济收入。

拓展文化创意产业以及平台经济、共享经济等产业形态和模式的融合发展。老龄产业相关的要素配置一直存在紧张局面，包括土地、设施、场地等根本性的要素，越是在老龄化程度高的地区，要素紧缺程度越高，所以需要向服务供给方式上"置换"空间，比如老年教育培训要开发老年远程教育、教育平台等，老年人文化娱乐、广电传媒、运动健身等产品服务，要依托线上线下双重带动、灵活开展。

3. 居家社区养老服务提升工程

"十四五"应推动居家社区紧急救援系统普遍建立，居家养老服务圈基本建成，高龄空巢老年人定期探访巡视制度广泛建立。

健全城乡特困老年人供养服务制度。开展特困人员集中供养需求摸底排查，合理制定特困人员集中供养服务计划。到

"十四五"末，生活不能自理特困人员集中供养率达到65%，有集中供养意愿的特困人员全部实行集中供养，分散供养特困人员基本养老服务全覆盖。提升特困供养服务设施（敬老院）管理水平，全部完成特困供养服务设施（敬老院）法人登记，按照一定比例配备工作人员，将特困供养服务设施运转经费纳入财政预算。

明确基本养老服务清单并建立标准。基本养老服务是每位老年人均等享有的基本公共服务，优先将特困老年人，经济困难的孤寡、失能、失智、高龄、计划生育特殊家庭老年人纳入基本养老服务重点保障对象，明确中央和地方政府支出责任。推动各地根据当地经济社会发展水平和老年人状况，明确基本养老服务清单，建立本地基本养老服务标准并随经济发展水平动态调整，使之与我国扶贫攻坚后的反贫困长效机制相适应，与提升农村养老服务水平相配套，与社会主义现代化建设相呼应。

将城乡独居、空巢老年人社区居家探访服务纳入基本养老服务。各地根据本地情况，以独居、空巢、留守、失能、重残、计划生育特殊家庭等特殊困难老年人为重点，提供定期居家巡视、寻访、助急等服务。将探访服务与政府购买社区居家服务、农村留守老年人关爱服务衔接起来，做到定期、定人、全覆盖。

制定并完善全国统一的老年人能力与需求综合评估标准。为老年人能力与需求综合评估提供统一、规范和可操作的评估工具。推动建设一批综合评估机构和评估队伍。通过政府购买服务等方式，统一开展老年人能力与需求综合评估，评估结果作为领取老年人补贴、接受基本养老服务的依据。

4. 康复辅具等产品供应计划

发展智能化日用辅助产品。方便老年人生活起居、出行移动、交流通信、休闲娱乐等需求。重点开发适老化家电、家具以及新型照明、洗浴装置、坐便器、厨房用品、辅助起身、智能轮椅、生物力学拐杖、助行机器人以及安防监控、家务机器人等。推广使用易于抓握、手感舒适的扶手等支撑装置、地面防滑产品、无障碍改造产品等。发展老年益智类玩具、弹拨乐器、心理慰藉和情感陪护机器人等休闲陪护产品。

发展安全便利养老照护产品。针对机构养老、日间托养、上门护理等需求，重点开发辅助清洁卫生、饮食起居、生活护理等方面产品，提升成人尿裤、护理垫、护理湿巾、溃疡康复用品等护理产品的适老性能。发展适用于辅助搬运、移位、翻身、夜间巡检等机器人产品，提高护理效能。推广环境监控、老年人监护、防走失定位等智能辅助产品。

发展康复训练及健康促进辅具。加快人工智能、脑科学、虚拟现实、可穿戴等新技术在康复训练和健康促进辅具中的集成应用。发展外骨骼康复机器人、认知障碍评估和训练辅具、沟通训练辅具、失禁训练辅具、运动肌力和平衡训练辅具、老年能力评估和日常活动训练等康复辅助产品。发展用药和护理提醒、呼吸辅助器具、睡眠障碍干预以及其他健康监测检测设备等。

加快发展老年用品产业园区，推动形成产业聚集。支持康复辅具产业试点和有产业基础的地区制定产业规划和相关政策措施，建设老年用品产业园区，研发生产地方特色老年用品产业，加快技术创新和模式创新，培育用品产业新增长点。鼓励有条件的地方通过政府购买服务、奖励资助、税费优惠等多种方式，支持老年用品公共服务平台建设，加大产业引导和服务功能。

5. 农村养老服务能力提升计划

与建立完善基本养老服务制度相契合，将农村养老的标准和模式进一步明晰。

以新型城镇化带动县域养老服务提质升级。建立县城养老服务中心，打造城乡养老服务联合体，形成城市辐射农村的养老服务发展模式。推动乡镇敬老院转型升级为乡镇综合服务养老机构（中心），提升护理型床位比例，具备全托、日托、上门服务等综合服务功能，对辖区农村留守老年人关爱服务、互助养老设施运行给予技术指导。发挥集体土地养老保障作用，鼓励村集体建设用地优先用于发展养老服务。提高农村养老服务设施的运营补贴水平，建立健全与服务保障水平相挂钩的奖补机制。

实施贫困、落后农村地区养老服务体系提升工程。满足特困人员集中供养需求，为低收入老年人和失能老年人提供便捷可及的养老服务。建立对农村空巢、留守老年人为重点的定期探访制度，确保空巢、留守老年人的基本生活顺畅。鼓励农村建立以邻里互助点、农村幸福院为依托的互助式养老服务模式。大力培育农村老年协会、农村社区为老服务社会组织，强化农村老年人社会支持体系建设。

6. 智能产业和服务提升行动

加强老年用品和服务的科技支撑。加快推进互联网、大数据、人工智能、5G等信息技术和智能硬件在老年用品领域的深度应用。支持智能交互、智能操作、多机协作等关键技术研发，提升康复训练及健康促进辅具、健康监测产品、养老监护装置、家庭服务机器人、可穿戴老年智能服饰、日用辅助产品等适老产品的智能水平、实用性和安全性，开展家庭、社区服务中心、养老机构、医院等多应用场景的试点试用。建设一批智慧健康养老示范企业和基地。

加大老年科技的成果转化。利用现有资金渠道，支持老年用品关键技术和产品研发、成果转化、服务创新及应用推广，培育壮大骨干企业，促进老年用品产业创新。支持老年用品领域培育国家技术创新示范企业、专精特新企业、制造业单项冠军企业等，增强创新型企业引领带动作用，加强产学研用、医养协同创新和关键共性技术产业化。鼓励地方政府和社会资本合作建立产业基金支持产品创新工程。

推广信息技术与健康养老融合创新工程。一是超高清视频技术。开展超高清视频技术在智慧医疗系统建设，加快超高清视频在健康监护、院前急救、远程诊疗、智能影像辅助诊断等方面的应用推广。进一步优化和推广超高清视频技术与中医药学科的结合，促进中医可视化、智能化健康发展。二是虚拟现实/增强现实技术。深化虚拟现实/增强现实技术在康复训练和健康促进辅具中的集成应用。推动虚拟现实/增强现实技术在老年人认知障碍、心理慰藉等方面的研究和应用。促进 VR/AR + 养老模式发展，创新老年人虚拟健身课堂、VR 老年大学等服务模式。三是物联网技术。重点发展适用于智慧家庭的物联网技术。通过物联网，打造适宜居家健康养老的整体生态体系，推动智慧家庭智能终端的发展以及智能家居产品的适老化改造，促进居家健康养老新业态新模式发展。

7. 老年友好型城市和社区建设行动

推动老年友好型社区建设。完成小区路面平整，地面、出入口、通道的无障碍改造，地面防滑处理等。在楼梯沿墙加装扶手，楼层间安装挂壁式休息椅等，做好防灾监测、应急避险等安全防护。有条件的小区可建设凉亭、休闲座椅等。依托社区卫生服务中心、社区综合服务设施等，提高已有设施的综合利用效率，完善设施的适老化改造，打造更加方便、温馨的居家社区环境。实施老年人居家适老化改造工程。制定和完善适老住宅标准和规范，通过政府购买服务、以奖代补等方式，支持老年人、残疾人比例高的老旧小区配套开展家庭室内适老化改造。推动农村人居家环境建设融入适老化标准，为农村老年人提供方便安全的出行和居家基本生活环境。

推动公共出行、公共环境、公共服务适老化改造。加大城市道路、公共交通工具、信号灯、隔离带等适老化改造力度，在机场、火车站、汽车站、地铁站等公共场所为老年人设置专席以及绿色通道，加强对坡道、电梯、扶手等公共建筑节点的改造，全面发展适老型智能交通体系，提供便捷舒适的老年人出行环境。推动街乡、城乡社区公共服务环境适老化。打造大数据可视化平台和智能化应用，推动原社区办事大厅"多平台、多窗口、多人"转变为"一平台、一窗、一人"的全能社区服务模式。为公共服务办事大厅开设老年人窗口，为老年人提供优质规范"一站式"服务，协助老年人使用智能化自助办事设备，着力解决老年人公共服务"最后一公里"问题。

弘扬敬老爱老助老的社会风尚。践行社会主义核心价值观，传承弘扬中华民族传统美德，在全社会开展养老、孝老、敬老的宣传教育活动，引导全社会积极应对人口老龄化。广泛传播孝老爱亲的优秀传统文化，督促家庭成员承担赡养责任，将赡养父母行动纳入个人社会诚信记录。健全老年人优待制度体系，鼓励各地推广与当地文化风俗、经济社会发展水平相适应的爱老敬老优待服务和活动。

二 分领域扎实推进老龄事业和产业协同发展

（一）完善养老保障体系

1. 发展现状

（1）体系搭建不断发展完善

中国养老保障体系经过近30年的建设，在公共养老保障职能上取得长足发展，具有中国特色的多层次养老保障体系初步形成。在制度规模上，从零起步建立起一个世界上最大的社会保障制度。一是覆盖面不断扩大，成为世界规模最大的社会保障制度。二是收支规模不断扩大，成为中国最大的政府支出项目。三是基金储备规模不断扩大，抵御风险能力不断加强。在制度结构上，在单一体制基础上建立起多层次的社会保障安全网。一是基本建立起非缴费型制度和缴费型制度相互配合的完整制度体系。现代社会保障制度基本由非缴费型制度和缴费型制度两个部分构成。二是初步建立起多层次"混合型"的社会保障制度体系。多层次"混合型"是指某一项福利制度纵向网络化的程度。从改革开放前单一体制由单位提供的无所不包的"企业保险"向纵向多层次网络化的"社会保障"转型，这是改革开放40年来的一个重要特征。三是初步建立以《社会保险法》为核心的社会保障法制化制度体系。

社会保障已成为一个最普遍的"社会福利"和影响最大的"国家福利"。作为缴费型制度的社会保险在稳定预期、拉动内需等方面的作用日益明显，尤其在医疗保险几乎已实现全覆盖、养老保险覆盖9.1亿人口的今天，已经成为一张社会安全网。

（2）社会保障"第六险"不断发展

"十三五"以来，中国积极开展长期护理保险的试点工作，明确了15个试点城市和两个联系省份，一些地方也自行开展了试点工作，在制度框架、政策标准、运行机制、管理办法等方面做了有益探索。

除了2016年6月启动的15个国家级试点城市之外，目前有四五十个自愿跟进试点的城市，此外，又有14个城市成为国家第二批试点。中国社会科学院世界社保研究中心主任郑秉文在"长期护理保险制度试点三周年：实践探索与经验总结"研讨会上表示，由于各地条件不同，长护险试点有地方特色也是可以的，但如果制度长期难以统一，未来的路径依赖则有可能导致整个制度长期存在"碎片化"，从而造成公平性和持续性的严重失衡。青岛已试点七年，江苏南通试点了三年，上海、苏州等地启动较晚，迄今为止试点不到两年。上海市从2018年1月1日在全市开展长护险试点工作，服务模式分为社区居家照护、养老机构照护、住院医疗护理三类。截至2018年11月，上海已接受长护险服务的老年人约18.6万人，其中接受机构护理服务的约7.8万人，接受居家护理服务的约10.8万人。上海调研显示，长护险对养老服务行业从业人员、机构设置等带动效应明显。上海市长护险试点以来，截至2020年上半年，已惠及近50万名老年人，带动专业护理机构快速发展，护理站从原先20余家迅速增长至近300家。

（3）养老金融在摸索中发展

养老金融是指老年人（或政府和企业，这里仅研究老年人的主体行为）利用金融安排进行跨期资产配置，通过时间维度上（不同生命周期阶段、代际之间）的资源和福利分配，为老年生活提供经济保障与财富管理，实现养老基金保值增值的产品和服务。养老金融一般包括储蓄、保险、理财、贷款、基金、信托等系列金融产品及服务。

《中国城乡老年人生活状况调查报告》显示，2014年中国老年人中没有存养老钱的比例达到67.8%，存钱的老年人储蓄水平为人均5.4万元，老年人的支付能力还有待提升。随着老年人收入水平的整体提升，近年来老年人对养老金融的关注度也逐渐提升。腾讯应用宝的《老年用户移动互联网报告》称，在老年用户下载占比超出平均比例的TOP100 App中，金融股票证券类应用占42%。根据国家信息中心的研究测算，2018年，老年人新增储蓄额1233亿元，具有养老功能且退休后分期领取的人身保险保费收入约1838亿元。截至2018年底，实际经营税延养老保险的机构共计16家，涉及保费收入7160万元，承保件数接近4万件。

养老金融也包括与养老服务相结合的方式。比如，椿萱茂的养老信托计划。2018年5月20日，椿萱茂与中融信托合作开发了信托产品"中融—融颐1号集合资金信托计划"。"信托"一直是没有保险背景的头部养老企业长期关注的创新方向，其核心诉求是"通过信托，实现高押金会员模式的合规、合法化"，当然，通过信托路径也需要养老企业付出额外的资金成本，早在2015年，汇晨就曾与北京信托合作推出过北京首款"养老消费信托"。再如，以泰康、合众、平安、国寿等为代表的保险企业布局养老服务和养老地产，也是将保险与服务、地产相结合。平安养老保险股份有限公司依托互联网运营平台，整合健康医疗服务资源，创新推出健康保险直付服务模式。2014年以来，平安养老险积极布局公司新战略，致力于成为中国"领先的养老资产管理机构"和"领先的医保、民生福利保障服务商"，并全力构建"互联网+"新模式，尝试线下传统业务和线上创新业务共同发展，相互促进。自 2013 年底项目启动以来，平安养老险已为 460 家企业客户、40 万个人客户提供了健康直付服务，该创新服务模式得到客户广泛认可。一方面企业通过购买该产品可以享受税优政策，节约成本；企业经办人员大幅减少理赔资料收集等工作量，提升工作效率；同时企业还可享受风险补偿和健康服务为一体的综合性服务，提高满意度。另一方面企业员工告别烦琐的理赔手续，享受无须垫资、不必贴票，一卡在手、全国通用，会员待遇、实惠到家，三大渠道、使用便捷，保障全面、促进健康等诸多服务。

目前，中国人民银行、民政部、银监会、证监会、保监会等多部门积极支持各类金融组织开展养老领域金融业务，大力推动金融组织、产品和服务创新，改进完善养老领域金融服务。在此背景下，国家层面出台一系列文件支持老龄金融业的发展。

2. 存在问题

（1）社会保险仍存在碎片化及保障不足问题

由于制度形成的路径依赖，中国针对全体国民的社会保险制度分为企业职工、机关事业单位、城乡居民三种制度体系，存在比较明显的待遇差异，固化了不同阶层的利益，进一步拉大了收入差距，弱化了社会养老保险的保障效率。制度碎片化不利于处在高度社会分化和流动下的社会群体实现保险待遇转移接续，也不利于社会保险作为基础制度设计的保基本、促公平目标的实现。在现行社会养老保险体系碎片化前提下，对大多数企业职工、城乡居民来说，社会保险的保障水平是比较低的。

超过 5.2 亿城乡居民养老保险参保者的保障程度过低。我国在基本养老保险中，城乡居民养老保险的参保人数（2018 年底为 5.25 亿人）远远高于城镇职工养老保险参保人数（4.18 亿人），但城乡居民养老保险基金的结存额仅为城镇职工的 15%，保障程度低。

基本养老金受劳动力人口占比的影响持续下降。财政补助将我国城镇职工养老保险当期结余出现赤字时间从2019年推迟至2028年，但仍难以扭转当期结余的趋势性变化。部分地区由于持续性人口外流，早已出现养老金入不敷出现象。企业职工退休工资待遇本身较低，2018年全国企退人员平均养老金仅为2636元，仅为机关事业单位退休人员退休金的1/3—1/2，如遇养老金穿底很容易引发社会稳定风险。

（2）长期照护保险等应对老龄化冲击的保险险种尚未普及

中国长期护理保险制度仍处于试点阶段，尚未建立全国制度。除了养老保险以外，医疗保险和长期护理保险是老龄社会最重要的两项筹资制度。其中长期护理保险是针对社会化服务的重要支付制度，但中国15个长期护理保险试点城市的经验尚未在全国推开，各省市纷纷在探索建立各地的社会保险和商业保险等不同类型。虽然在全世界范围内，长期照护保险的普及程度并不高，但作为一种应对人口老龄化下护理照料支出激增而设计的保险险种，有其合理性和必要性，应当做好符合我国国情和各地情况的制度设计。中国自2015年开展长护险试点以来，2020年刚开始扩大试点范围，同时各地也在探索商业长护险的应用，应不断总结试点经验、完善制度设计，尽快建立起抗冲击、强保障的针对老年照护类的保险险种。

（3）商业养老保险市场发展滞后于需求

中国第一支柱的基本养老保险占比过高，第二支柱的职业年金、企业年金和第三支柱的商业保险对养老的支撑作用严重不足。一方面，社会商业保险意识还不够高。大多数老百姓可能将商业保险视为一种消费，对其风险保障加储蓄投资相结合的功能理解不深。另一方面，政策支持的力度还不够大。中国相应的税收支持政策启动较晚，个人税延型商业养老保险试点于2018年方才实施。考虑到中国个税规模不大、占总税收比重偏低，个税税收递延型的支持力度仍然比较有限，此外还有未富先老的制约。虽然中国人均 GDP 接近 10000 美元，但仍然存在贫困人口和大量低收入群体。整体上来看，国民购买商业养老保险的能力还不够强。

（4）养老金融市场的发育成熟尚待检验

市场化的养老金融产品尚存在营销模式和产品定位不清晰等问题，适合老年人以及中老年人群稳健投资、保本经营等诉求的产品尚未完全占领市场。椿萱茂的信托产品并不成功，与 CCRC 不同，养老机构普遍入住客群为高龄自理、失能、失智客群，无论是长者，还是家属，对于这种"高押金+低月费"的模式需求度并不高。不过，椿萱茂的尝试对于信托产品的下一步优化做出了很有价值的探索，这对"养老+金融"模式的未来发展有极为重要的积极意义。

3. 发展思路

（1）立足于应对人口老龄化积极谋划整体筹资方案

立足于中国养老金市场处于转型期的阶段性特征，保险业应积极践行"积极应对人口老龄化"国策，发挥养老风险保障和养老资金管理优势，专注于"养老"属性的可持续性和创新发展，持续实践跨领域、跨行业的业务协同，立足于养老金和退休收入规划在配置和投资上的专业性，强化增值服务，加大产品创新，积淀差异化优势。在长期投资、专业性、合规性、可持续性等方面进行创新和管理提升，积极探索并打造协同优势下中国养老金管理"平台化"的商业模式。

在多元化业务与渠道协同的驱动下，养老保险机构在公共养老金、企（职）业年金、个人养老保险等养老金三支柱领域发挥重要作用。面对老龄化加速和未来经济周期的环境，养老保险机构通过发挥其长期投资及精算优势，在长期资本管理细分领域的角逐中将占有先机。基于中国经济与人口的发展趋势，养老保险机构规模必将由小到大，未来成长空间可期。

与此同时，在协同发展的同时，注重动态和科学地管理混业经营模式下风险传导的不确定性，作长期价值驱动的养老健康一体化生态体系平台建设的"领跑者"，不断促进中国养老保障体系效率的稳步提升。

(2) 推动服务老年人的"第六险"做实做强

在"十四五"时期，将着眼于建立独立险种，独立设计、独立推进的基本方式，继续积极扩大长期护理保险政策试点，注重完善参保、基金筹集、待遇支付等方面的基本政策，加强基金管理、服务管理、经办管理方面的运行机制创新。长护险应定位于满足老年人长期生活照料需求和着力解决失能老年人的长期护理保障问题，而不应定位为从属于医疗保险。由此，在长护险的政策设计上，要厘清与医疗的关系，要侧重于生活照护（非医疗），在服务项目上要围绕生活照护进行扩充，避免成为"第二医疗保险"。在"十四五"期间，基本形成适应经济发展水平和老龄化发展趋势的长期护理保险制度政策框架，探索建立以互助共济方式筹集资金，为长期失能人员的基本生活照料和与之密切相关的医疗护理提供服务或资金保障的社会保险制度。加强护理保险与其他护理保障政策间衔接，推动建立健全满足群众多元需求的多层次长期护理保障制度。

(3) 加快发展老龄金融的认识和实务发展

由于中国养老保障体系的保障水平有限，且存在制度碎片化、险种不完备等问题，不能满足老年群体多层次的养老金融需求，亟须社会各界从认识和实务上推进老龄金融的实务发展。未来将以市场效率推动补充型商业养老金管理体系的可持续性发展，引导和激励"养老"属性的持牌保险机构在养老金市场化、专业化运作上做好核心定位。保险业养老保险机构通过专业打造具有养老金融协同优势的商业模式，将引领中国商业养老保障体系不断完善。中国养老保险机构的设立初衷具有前瞻性，有利于促进养老金管理的长期性、市场化和专业化运营。

凭借先发优势、专业积淀及战略创新，各机构形成了单一信托型及"契约+信托"型为主的两类运营模式，并逐步迈向金融集团化。

从业界来看，金融机构应转变观念，将产品设计和服务的重点逐渐开始向老年人群体倾斜，向鼓励和帮助个人为退休进行投资和储蓄倾斜，真正将老年人作为未来金融服务业最重要的目标市场。学界应更注重对老龄金融进行系统深入的研究，为业界有针对性地开发相关产品和制定营销策略，为政府制定鼓励老龄金融发展的政策提供必要的理论支撑。政府相关部门能对老龄金融的发展进行系统调研，对老龄金融的发展能给予更多、更有效的政策支持。鼓励发展老年商业保险、商业养老保险、养老金理财信托等金融产品。并加强对老龄金融与康养、地产、旅游等其他老龄产业结合领域的调查研究，出台相关行业发展和创新的支持政策。

（4）规范涉老金融市场的风险管理

金融领域的创新节奏加快，信用交易模式逐渐成为主流，围绕信用体系的生态链条也在加速形成。个人征信机构、数据分析企业作为个人数据市场的重要组成部分，越来越多地渗透到各类金融服务之中。老年群体是风险规避的人群，所以，老龄金融既要满足风险和收益之间的平衡，又要充分保障老年群体的合法权益。应进一步完善涉老金融业务的数据分析市场法律法规和规制框架。法律法规应充分考虑个人数据保护、金融系统安全、普惠金融实施等因素。监管当局应根据法律授权，在上位法的框架下，细化操作性条款，制定部门规章和规范性文件，以保证立法的落实。在监管实施过程中，有必要充分考虑监管数据收集、监管活动规划、部署监管工具、评估监管效果等方面的问题，编制监管手册，确保监管活动标准化和一致性。

（二）健全健康养老服务体系

1. 内涵与政策沿革

（1）老年健康服务体系的内涵

中国老年健康服务体系的相关概念及内涵探索早在21世纪初已经开始，有学者从老年健康事业出发探讨老年健康服务体系内涵，如陈峥（2010）提出应当从满足老年人群日益增长的健康需求出发，立足城乡社区，以预防保健为主体，并与疾病诊疗相结合，从老年人的预防保健、疾病诊治、康复护理、长期照料和临终关怀等方面全面推进老年健康事业的发展。2019年10月，国家卫生健康委等8部委联合发布《关于建立完善老年健康服务体系的指导意见》（国卫老龄发〔2019〕61号），明确"以维护老年人健康权益为中心，以满足老年人健康服务需求为导向，大力发展老年健康事业，着力构建包括健康教育、预防保健、疾病诊治、康复护理、长期照护、安宁疗护的综合连续、覆盖城乡的老年健康服务体系，努力提高老年人健康水平，实现健康老龄化，建设健康中国"。

综上，从老年健康服务体系内容来看，主要包括6大维度，即健康教育、预防保健、疾病诊治、康复护理、长期照护、安宁疗护；从服务要求来看，主要包括综合连续与覆盖城乡，一方面从服务角度出发保障各类服务的综合性和连续性，另一方面从服务对象角度出发保障城乡老年人群享受健康服务；从服务目标来看，一是提高老年人群的健康水平，二是实现健康老龄化，三是建设健康中国。

（2）老年健康服务体系的政策沿革

一是萌芽阶段（2000—2007年）。2000年，中共中央、国务院发布《关于加强老龄工作的决定》，提出"建立以家庭养老为基础、社区服务为依托、社会养老为补充的养老机制，逐步建立、完善以老年福利、生活照料、医疗保健、体育健身、文化教育和法律服务为主要内容的老年服务体系"。首次从国家层面明确了医疗保健、体育健身等对老年人健康的作用，并强调社区服务的重要性。该阶段老年健康服务体系尚未成型，仍停留在老年服务体系的组成部分阶段。

二是起步阶段（2008—2013年）。2008年，全国老龄办印发《关于全面推进居家养老服务工作的意见》（全国老龄办〔2008〕4号），针对传统家庭养老健康服务供给不足的问题，提出在社区层面普遍建立居家养老服务机构、场所和服务队伍，整合社会资源，调动各方面的积极性，提高养老健康服务供给能力，更强调机构专业健康知识科普等老年健康服务提供能力方面的重要性，从而提高健康养老服务质量（朱静，2009）。

三是发展阶段（2013—2017年）。2013年9月，国务院印发《国务院关于促进健康服务业发展的若干意见》，提出要充分调动社会力量的积极性和创造性，力争到2020年基本建立覆盖全生命周期、内涵丰富、结构合理的健康服务业体系。2014年9月，国家发展和改革委发布《关于加快推进健康与养老服务工程建设的通知》，提出要加强健康服务体系、养老服务体系建设，鼓励采取政府和社会资本合作等方式提升医疗服务能力，明确了健康服务体系建设包括综合医院、中医医院、专科医院、康复医院和护理院、临终关怀机构、健康服务新兴业态以及基层医疗卫生服务设施等7类项目。2015年11月，国家卫生计生委等9部门发布《关于推进医疗卫生与养老服务相结合的指导意见》，提出到2017年医养结合政策体系、标准规范和管理制度要初步建立。同时也为医养结合作出总体布局，满足人民群众多层次、多样化的健康养老服务需求。2016年10月中共中央、国务院印发《"健康中国2030"规划纲要》，从推进健康中国建设，全面提升中华民族健康素质，实现人民健康与经济社会协调发展，积极参与全球健康治理，履行2030年可持续发展议程国际承诺的国家战略高度做出安排。健康中国行动作为实施健康中国战略的重要举措，是转变卫生健康理念的历史性变革，增进人民健康福祉的实际行动，充分体现了人民健康优先发展的战略思想。

四是完善阶段（2017年至今）。自2017年医养结合政策体系、标准规范和管理制度初步建立后，老年健康服务体系和医养结合进入完善阶段。2019年6月，中共中央、国务院发布《国家积极应对人口老龄化中长期规划》，从人、财、物、科技、环境等领域对老年健康提出要求。2019年7月，印发《国务院关于实施健康中国行动的意见》和《健康中国行动（2019—2030年）》，提出加快推动以疾病为中心向以人民健康为中心转变，动员全社会落实预防为主的方针，实施健康中国行动，提高全民健康水平。2019年10月，党的十九届四中全会召开，提出积极应对人口老龄化，加快建设居家社区机构相协调、医养康养相结合的养老服务体系。国家卫健委等8部委印发《关于深入推进医养结合发展的若干意见》，从强化医疗卫生与养老服务衔接、推进医养结合机构放管服改革、加大政府支持力度、优化保障政策、加强队伍建设方面，就解决医养结合中的痛点、难点、堵点、重点作出总体安排。国家卫健委等8部委印发《关于建立完善老年健康服务体系的指导意见》，就建立完善老年健康服务体系的指导思想、基本原则、主要目标提出明确要求，并从加强健康教育、预防保健等6个方面提出主要任务，从强化标准建设、学科发展等6个方面明确了保障措施。

2. 建设现状

近年来，全人群、全生命周期健康的理念逐步树立，特别是在老年健康服务体系建设和医养结合方面取得重要进展，老年人获得感、幸福感和安全感不断增强。

（1）健康老龄化理念不断成熟

一是坚持人民健康优先发展。习近平总书记指出，要把健康"守门人"制度建立起来,将健康融入所有政策。在健康优先发展战略方面,要逐步将促进健康的理念融入公共政策制定实施的全过程,要坚持疏解与提升并重,优化资源布局,不断提高各项健康服务水平。同时,坚持人民健康有限发展也体现在加强老年人和残疾人等重点人群的健康服务,强调"体医融合""医养康结合"等。坚持人民健康优先发展是以人民为中心的重要体现,也是健康老龄化理念不断成熟的重要着力点。

二是强调全老年人群、全生命周期健康。全体老年人而非个别、特殊老年人。既包括城市老年人,也包括农村老年人,既包括健康老年人,也包括失能失智等特殊困难老年群体,既包括高社会经济地位老年人,也包括中低阶层老年群体,是普惠型而非补缺型的体系。全生命周期而非仅仅老年期。老年人的健康状况是由从出生开始整个生命周期累积优势与累积劣势延续而成,是从胎儿到生命终点的全程健康服务与健康保障,而非片段性的由某一生命时期健康状况所决定。

三是由"疾病治疗为中心"转向"以健康为中心"。老年健康服务体系的关切点从碎片化疾病诊治服务为主向综合连续性健康服务为主切换。中国疾病谱已经发生改变,从急性病、传染性疾病为主转向以慢性非传染性疾病为主,随之而来的是老年群体对早期健康教育、长期性预防保健需求的增加,对疾病诊治体系适老化程度需求的提高、对康复护理环节的重视,对长期照护、安宁疗护提出新需求等。老年健康服务体系从健康教育开始,到安宁疗护为止,涵盖了老年群体全链条式的服务需求,更能够早期、系统、专业、连续、综合地满足老年人群多样化的健康服务需求。

(2) 老年健康教育体系加快完善

加大健康科学知识宣传力度,推进全民健康生活方式。各地都在加强多层次老年健康教育服务体系建设,例如辽宁省开展老年健康宣传活动,面向全省宣传普及老年失能预防、阿尔兹海默症预防与干预等核心信息，组织医疗老专家赴基层开展老年健康知识宣讲和健康巡诊活动，老年健康素养达到7.5%。海南省根据老年人群特点，加强健康教育，将健康教育纳入国民教育体系，开展老年健康教育活动，针对老年人开展健康知识讲座，规范各级各类媒体健康栏目，加强各类媒体、单位传播健康信息的监测监管，降低虚假健康信息危害。宣传健康科学知识，增强全民健康意识。例如辽宁省加强老年人心理健康保健宣传教育，设置172个老年人心理关爱项目点，为常住老年人开展心理健康评估、心理干预和转诊、随访等服务。

（3）老年预防保健工作稳步推进

首先，加强老年健康管理。

各地逐渐健全老年健康危险因素干预、定期体检、失能预防、做实家庭医生签约服务等健康管理体系。例如安徽省，截至2019年底，全省老年人健康素养水平达到10%，65岁及以上老年人健康服务管理率达70%以上，铜陵市、广德市、宿松县居家老年人家庭医生签约服务人群覆盖率为100%。对全省贫困县65周岁及以上老年人进行评估分级，实行精准管理服务。福建省基层医疗卫生机构为333.91万名65岁及以上老年人建立健康档案，229.26万名老年人接受健康管理服务、65岁及以上老年人健康管理率为68.7%。江苏省每年为65岁及以上老年人提供1次健康管理服务，全省老年人健康管理率达72.4%，Ⅱ型糖尿病、高血压患者规范管理率达70.68%、71.04%。推动家庭医生签约服务优先覆盖老年人群，将家庭医生预约上门服务的40个项目纳入基本医保报销范围，全省65周岁及以上老年人家庭医生签约服务覆盖率达71.6%。

其次，支持老年群体体育健身。

安徽省成功举办2017全民健身日·全国老年体育健身主题示范活动暨第三届全国老年人体育健身大会健身气功交流活动。实现市级老年人体育协会全覆盖，81个县（市、区）成立老年人体育协会，80%的街道和乡镇建立老年人基层体育组织。室外健身场地设施建设中适合老年人锻炼的健身器材设置超过50%。福建省完善老年人体育健身设施。全省71.3%的县（市、区）建有老年人活动中心，80.4%的乡镇（街道）、59.5%的村（社区）和95%的机关和企事业单位建有老年人活动中心（室）。丰富老年人体育健身活动，全省经常参加健身活动的老年人口达346万人，约占全省老年人口总数的58.7%。海南省广泛开展全民健身活动，落实《海南省全民健身实施计划（2016—2020年）》，指导老年人科学健身。到2019年，含老年人在内经常参加体育锻炼人数占全省总人口的35.34%。推进公共体育普及工程，加强社区健身中心、健身步道、足球场、羽毛球馆、体育馆等场地设施建设，完善城镇社区15分钟健身圈，增加社区居家健身的可及性、便利性，提升乡村体育设施覆盖率。

（4）老年疾病诊治资源逐渐优化

首先，医疗资源布局更加合理。

江苏省全省有二级以上老年专科医院11家、康复医院98家、护理院246家，开设老年和康复医学科的二级以上综合医院占比分别达49.8%、73.4%。省"互联网+医疗健康"智慧健康平台与各地平台实现互联互通，常州市"物联网+健康养老"模式，得到了王岐山副主席的肯定。18家单位试点开展安宁疗护服务。

其次，基层医疗卫生服务能力不断提升。

江苏省加快拓展基层医疗卫生机构延伸服务。推动二级以上综合医院以医联体形式，在社区卫生服务中心和乡镇卫生院普遍开设康复联合门诊或康复病房，基层医疗机构康复服务能力快速提升。通过在社区设立全科医生工作室、中医诊室等服务机构及开设家庭病床等形式，将服务拓展到社区家庭，建成702个家庭医生工作室，其中50家达到星级家庭医生工作室标准。把老年人健康管理作为基层医护人员培训的重要内容，全省每年培训基层医护人员6000余人，截至2019年底，全省医养结合机构中卫生专业技术人员总数达到25154人。

最后，健康医疗服务逐渐适老化。

医疗机构普遍建立老年人挂号、就医绿色通道。北京市开展老年友善医疗卫生机构创建活动，推动医疗卫生机构开展适老化改造，开展老年友善服务。海南省80%以上医疗机构为老年人提供优先挂号、就医、康复护理等便利服务"绿色通道"。天津市出台专项政策举措，助力社会办医养结合机构发展，增加"医养护"床位，开展"老年人就医服务月"活动等。

(5) 康复护理和安宁疗护供给能力加快强化

首先，强化康复医疗供给能力建设。

北京市出台了《关于加强北京市康复医疗服务体系建设的指导意见》，构建以综合医院康复医学科、康复医院、基层医疗卫生机构共同组成的连续性康复医疗服务体系。推动15家公立医疗机构向康复机构转型，加强三级综合（中医、中西医结合）医院康复医学科建设督导，将社区康复服务纳入绩效考核。辽宁省老年病医院、专业康复护理机构不断增多，全省有老年病医院28个、康复医院34个、护理院25个。二级以上综合医疗机构老年病科、老年病门诊开设率达100%。

其次，推进"医养结合"工作。

各省探索建立了"养中有医""医中有养""医养合作"等服务模式。例如，河北省医养结合服务能力显著提升。在石家庄、邯郸、保定、邢台等4市开展国家级医养结合试点建设基础上，结合河北省实际组织各地遴选了石家庄平安医院等42个省级试点单位，探索符合河北省实际的医养结合模式。邢台市巨鹿县"医养一体、两院融合"的医养结合模式被国家发展和改革委、民政部向全国推广。截至2018年底，全省90%以上的养老机构与医疗机构建立合作关系，开辟绿色通道，其中679

家养老机构拥有内设医疗机构,399家内设医疗机构具备医保定点资质,保障入住养老机构的老年人得到及时医疗服务。辽宁省出台《关于推进医疗卫生与养老服务结合发展的实施意见》,对养老机构内设的诊所、卫生所、医务室、护理站等取消行政审批,实行备案管理;对举办二级以下医疗机构的,实行设置审批与执业登记"两证合一",优化医养结合机构审批流程和环节。截至2019年底,全省医养结合机构总数167家,医疗机构与养老机构签约1623对,86%的养老机构能以不同形式为入住老年人提供基本公共卫生及医疗卫生服务。贵州省实现全省所有养老院与医疗机构合作开设绿色通道,内设医疗机构的养老机构超过400家,全省养老机构护理型床位2万张以上,贵阳市、铜仁市、遵义市被列入国家医养结合试点单位。

再次,长期护理保险制度加快探索。

上海市进一步完善长期护理保险制度,结合长期护理保险在全市试点开展情况,重点完善长期护理保险制度规范和相关配套政策,出台《上海市长期护理保险试点办法》,完善长期护理保险服务项目、标准和规范,建立健全护理服务标准及质量评价标准,加强长期护理保险服务医疗机构监管。北京市石景山区着眼于解决失能老年人的基本生活和与基本生活密切相关的医疗护理问题,按照"政府引导、多渠道筹资、市场化运作、社会化服务"的思路,于2018年4月在启动了长期护理保险试点工作,在政府保基本的前提下,发挥市场机制,引导社会积极参与,形成以长期护理保险为托底的多层次保障体系,逐步提高老年人的社会保障水平,促进养老产业发展。截至目前,累计有260余人享受到照护服务。试点范围已覆盖全区9个街道中的3个街道。浙江省宁波、嘉善、桐庐等市、县率先启动长期护理保险试点工作,并开始保险待遇给付,2017年嘉兴在全市范围开展试点,2018年衢州、丽水两个市和温州、湖州、绍兴市本级及义乌、岱山、天台三个县(市)被纳入长期护理保险试点范围。

最后，安宁疗护服务不断加强。

辽宁省安宁疗护试点稳步推进，确定沈阳市为国家级试点、中国医科大学附属盛京医院等17家医疗机构为省级试点，为生命末期有需求的老年人提供医疗护理、精神慰藉、亲情关爱等缓解性及支持性的照顾。海南省开展老年心理关爱和安宁疗护服务工作，向国家卫生健康委推荐海口市作为第二批国家安宁疗护试点地区，确定海南医学院第二附属医院和省托老院为试点项目，确定海口市美兰新安社区和三亚市海棠区椰林村为第一批老年人心理关爱项目点，加强宣传引导，使安宁疗护理念受到社会广泛认可和接受。

（6）健康养老产业持续发展

首先，康复辅助器具产业加速发展。

河北省目前初步形成石家庄以高端装备制造和区域服务，秦皇岛以健康监测、康养示范，唐山、衡水等地以机器人、医疗康复床为特色的差异化产业格局。全省共有49家康复辅助器具生产企业，规模以上工业企业26家，销售收入过亿元企业9家，2018年主营业务收入约60亿元。主要产品包括医用病床、护理床、门诊床、轮椅、拐杖、护具、气垫、远程诊疗系统、电子诊断器械等。常用医用病床、护理床生产规模及市场占有率居全国前列。其中康泰医学系统（秦皇岛）股份有限公司位列中国医疗仪器设备及器械工业企业百强第24位。

其次，"互联网+"健康服务有序推进。

北京市卫健委制定互联网诊疗服务实施方案和互联网医院监管平台建设方案，在全国率先提出互联网居家护理服务目录，在东城、朝阳、石景山区开展互联网+护理服务试点。2019年，各网约平台通过线下医疗机构共提供互联网居家护理服务两万人次。河北省针对家庭、社区、机构等不同应用环境，鼓励发展健康管理类可穿戴设备、便携式健康监测设备、自助式健康检测设备、智能养老监护设备、健康养老数据管理和智能分析系统等，丰富智能养老产品供给；积极推动大数据、物联网、移动互联网、云计算等与养老服务融合发展，重点支持一批智慧健康养老平台建设，开展智慧养老应用试点示范建设。截至 2018 年底，全省共有 7 个国家级智慧健康养老应用试点，其中 1 个智慧健康养老示范企业，1 个智慧养老示范基地，5 个智慧养老示范街道；十余家企业涉足智慧健康养老领域。

再次，老龄金融创新发展。

贵州省成立了贵州省养老服务产业投资基金投融资平台，充分发挥财政资金杠杆作用，基金规模 40 亿元。引进中积实业集团有限公司、德杰集团等一批优强企业兴建中国贵安康养文旅国际城、龙里德尚国际三甲医院等项目，产业投资基金拟投资 7.2 亿元，预计撬动社会资本投资 166 亿元。

最后，推进"未来健康社区"建设。

广东省着力推进"未来健康社区"建设，成为大健康产业的亮点。"未来健康社区"是围绕社区健康链服务需求，以人性化、生态化、数字化为价值导向的新型城市功能单元。"未来健康社区"应该是一个"宜居宜游宜养"的生活共同体和心灵之家，人文价值塑造应该被放在首位，并力争把每个"未来健康社区"打造成"医+养+游"相结合的国家级示范点。

"未来健康社区"建设包含面向全人群与全生命健康周期的"全民康养"的未来健康场景，目标是缓解社区医疗"看得起"但"看不好"、养老设施及服务缺失、健康多元化需求难以满足的矛盾。"未来健康社区"九大场景如图 1 所示。为推进"未来健康社区"建设，创新建设运营模式，加强有机更新和存量住房改造提升，深化"三改一拆"，"十四五"期间，推动"未来健康社区"增点扩面，培育 50 个省级试点，改造 1000 个城镇老旧小区，打造美好生活的新型城市功能单元。全面启动"未来健康社区"建设试点，安排建设一批保障房、公租房、老旧小区改造项目。依托广东省康养环境及地理优势,实践社区居民全生命周期健康档案管理,利用5G网络,借助广东省三甲综合医院医疗资源实现社区远程医疗协助体系。与社区公园、广场、风光带、健身步道零距离衔接,构建全民康养的未来健康场景。"未来健康社区"中将设置综合性养老服务中心,兼具日间照料与全托服务功能,提供生活服务、康复护理服务、托养服务、家庭支持服务、社会工作和心理疏导服务、康复辅助器具租赁服务等六项服务。通过政府引导,鼓励引入专业社会组织运营,为老年人提供"一站式"服务,形成专业服务与一般服务相结合、线上服务与线下服务相协作、收费服务与免费服务相补充的格局。

（7）老年健康组织保障进一步加强

2018年以来,中国对老龄工作相关部门进行了机构改革,国家卫生健康委成立老龄健康司,更好地为老年健康和医养结合相关工作提供组织保障。同时民政部成立养老服务司,国家卫生健康委负责综合协调、督促指导、组织推进老龄事业发展,民政部负责统筹推进、督促指导、监督管理养老服务工作,二者分工合作,各司其职,

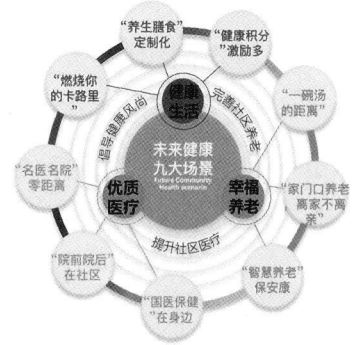

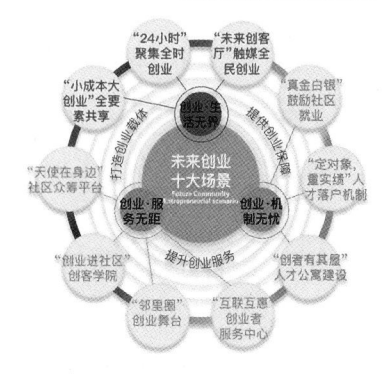

图2-1 "未来健康社区"九大场景

较好地建立起协同推进和工作落实机制。各省市参照国家机构改革方案进行了相应职能和机构调整，整体进展平稳有序。同时，进一步发挥老龄委统筹协调作用，完善老龄委各项工作制度，强化统筹、协调、议事、督导职责，形成上下协同、部门联动、全社会积极参与的老龄工作大格局，有效推动跨部门、跨领域的重点、难点工作的推进和落实。

3. 存在问题

（1）公平可及性有待提升

一是老年健康服务资源存在地区城乡差异。在医疗服务设施布局方面，大多数医疗服务设施集中于东部城市地区，特别是北京、上海等特大城市，虽然近年来不断强调医共体和医疗服务资源下沉，但广大中西部及农村地区医疗资源仍然相对贫乏，而与之相矛盾的是，农村地区人口老龄化程度高于城市，老年群体的健康需求更加迫切，医疗服务供给与需求之间存在明显的城乡地区"剪刀差"。同样，在药品、仪器、检测等物资分配方面，也存在显著的城乡和地区差异。

二是基层老年健康服务体系薄弱。通过对多地特别是农村地区调研发现，很多基层医疗卫生中心"无人"问题突出，存在无法打通老年健康服务体系"最后一公里"问题。一方面受制于基层医疗服务人员由于待遇不高、吸引力不强等造成人员短缺；另一方面，人们对基层卫生服务始终存在不信任心态，分级诊疗道路依旧任重道远。

（2）综合连续性有待加强

首先是健康教育。

一是老年健康教育资源较为分散。健康教育整体规划、实施体系、财政投入、人力资源配置与培养、信息管理与共享机制及监测评估机制等方面需加强，卫生服务与社会服务部门之间缺乏协调和互动。

二是老年群体"主动健康"观念仍然薄弱。"主动健康"即主动获得持续的健康能力、拥有健康完美的生活品质和良好的社会适应能力，老年人自身作为健康的第一责任人，但老年人对该理念的认知和接受程度有待提升，目前仍然主要受"被动医疗"为主导的健康意识的影响，有待深化"主动健康"理念。

其次是预防保健。

一是家庭医生签约服务尚待进一步做实。目前很多地区面临群众签约意愿不强，个性化、多样化签约服务形式不多，群众认知度及信任度不高等问题。同时，由于基层医疗卫生机构分配机制缺乏活力和激励作用，而且机构内部自主分配比例有限，绩效激励作用不强，家庭医生开展服务动力不足。

二是应对重大公共卫生突发事件给老年健康带来新挑战的能力尚待加强。新冠肺炎疫情给老年健康服务体系的应急能力提出了新的要求。例如，疫情期间有很多养老服务机构因为封闭性管理，老年人无法及时外出赴医院就医，导致老年人健康状况受损；老年人无法适应信息化时代和后疫情时代激发出的通过信息化系统进行疾病预防、扫描健康二维码等功能，便捷的科技手段反而给老年人顺利就医和疾病预防带来不便。

再次是疾病诊治。

一是老年人居家健康养老服务供给尚有较大提升空间。例如，目前发展较为迅速的远程医疗、上门医疗服务等仍然面临着相关法律和政策保障不健全、医护人员资质和执业范围有待细化规定、医疗服务范围有待明确等问题。同时，对于居家健康养老服务的政府和市场边界仍有待厘清，老年人和医护人员的权责仍需划分明晰。

二是医疗卫生服务机构的老年"友善"程度尚待进一步普及。目前很多医疗卫生服务机构对于老年群体的"友善"程度仍需进一步提高。例如，随着信息化的普及，很多医院采取智能化手段预约挂号、缴费等，对于年龄较长的老年人而言则面临着技术鸿沟，现阶段很多医疗卫生服务机构为老年人提供引导员、绿色通道等则是很好的尝试。同时，在医疗机构内宣传老年友善文化，对工作人员进行相关培训，使其能够运用老年群体更加能够接受的方式对其进行诊疗亦成为老年友善医疗卫生服务机构建设的重要手段。

复次是康复护理。

一是康复服务及相关人员等资源配置不足。相较于西方发达国家，我国康复护理理念、设施供给、服务供给、人才供给等方面仍处于初步发展阶段，面临着康复护理设施不足、服务专业水平有待提升、人才队伍短缺等问题，需要系统性地加以解决。同时，一方面对标国际康复护理理念、技术等先进经验，发挥后发优势发展康复护理服务；另一方面也需要针对我国康复护理服务实际需求和发展现状探索符合中国特色的康复护理之路。

二是部分地区医养结合服务覆盖面较低。由于养老和医疗机构属不同行业管理，专业技术要求不同，同一机构既取得养老许可又取得医疗许可的难度较大。例如，安徽省设置医疗服务机构的养老机构，占全部机构的比例不到20%；具备医保定点资格的养老机构占比不到10%；卫生健康部门颁发医疗机构执业许可并实际开展医疗服务的养老机构占比不到8%，与老年人照护服务需求差距较大。

又次是长期照护。

一是长期护理保险制度仍需进一步探索。2020年9月，国家医保局、财政部出台《关于扩大长期护理保险制度试点的指导意见》（医保发〔2020〕37号），提出进一步深入推进试点工作，人力资源和社会保障部原来明确的试点城市和吉林、山东两个重点联系省份按本意见要求继续开展试点，其他未开展试点的省份可新增1个城市开展试点，于2020年年内启动实施，试点期限2年。此次扩大试点是对长期护理保险的进一步探索，需要进一步探讨参保对象和保障范围、资金筹集机制、待遇支付机制等，以便力争在"十四五"期间，基本形成适应中国经济发展水平和老龄化发展趋势的长期护理保险制度政策框架，推动建立健全满足群众多元需求的多层次长期护理保障制度。

二是长期照护服务网络尚不健全。除了在长期照护服务的给付机制方面需要进一步探索外，现阶段我国长期照护服务网络仍需健全，特别是面临着健康服务人员数量缺乏和专业技能不足问题，需要政府、市场、社会、家庭等多元主体合力共同构建长期照护服务网络。

最后是安宁疗护。

一是全社会对安宁疗护认识不足。受中国传统文化影响，人们大多关注"优生"，而死亡一直是较为避讳的话题，无论在学界还是日常生活中，对"优死"的探讨不足，更缺乏生死教育，因而导致全社会对安宁疗护的认识度并不高。很多家庭面临疾病末期的老年人是选择继续治疗还是放弃治疗的两难困境，同时老年群体亦较少表达其对死亡的态度和选择。需要加强全社会的生命教育，让安宁疗护的理念、知识进入普通家庭中，进一步提高社会公众对"优死"问题的关注。

二是安宁疗护服务供给不足。虽然从国际上看，安宁疗护早已不是全新的话题，但对于中国而言，开展安宁疗护仍然在起步探索阶段，目前安宁疗护服务的模式、标准、规范、费用、政策支持等均在探索中，理论和学界尚未达成共识，需要进一步加强安宁疗护服务资源供给和服务模式的探索。

（3）健康养老产业发展有待完善

国有企业、大型资本企业集团等争相进入健康养老产业，促使行业快速发展，中小型企业也在其中寻找机会。但截至目前，国内健康养老产业仍处早期发展阶段，行业整体呈"散、乱、弱、差"的局面。具体表现在以下几个方面。

一是不同性质涉老运营单位存在不平等竞争现象。我国健康养老产业的发展经历了从计划经济条件下的福利事业向产业和事业并举的演变，由于历史的原因，针对公办机构的扶持补贴政策往往相对健全，优惠政策落实状况较好；而对于民办民营机构而言，设施建设运营成本较高，很多地区纳入社区居家养老建设计划的设施可以享受房租减免等优惠，没有纳入的则完全依据市场价格不能享受相关政策优惠。总之，不同时期设立、不同性质的运营主体之间扶持政策差异大，发展不平衡。

二是市场供需对接存在机制性障碍。从需求侧来看，尽管有些高端服务和个性化需求正在兴起，但受传统消费观念、消费能力等影响，老年人和家庭不肯花钱、希望政府买单的现象普遍存在。从供给侧来看，老年人需要整合式、一站式服务，但找不到合格供应商；居家养老服务供应商普遍反映，受街乡行政辖区的制约，跨地区开展业务比较困难，市场存在局部垄断和行政人为切割的现象，老年健康服务市场供需对接存在障碍。

三是融资信贷渠道仍然不畅。现阶段私募股权投资基金、创业投资基金等进入养老服务领域不多，银行业金融机构还主要是依据资产抵押物开展对养老企业的信贷，对于轻资产的养老服务机构而言，贷款较为困难。

4. 发展思路

（1）加强体系公平可及性

首先，进一步缩小老年健康服务的城乡差距。

坚持城乡融合发展，城市辐射农村原则，推动老年健康服务体系向薄弱环节延伸，覆盖农村地区、城镇开发区等地区。城市老年健康服务资源、社会组织应适当向农村地区辐射，将乡村社会治理与老年健康服务相结合，培育一批具有较强专业性和信誉度的老年健康服务组织，定期对农村老年群体进行健康服务，提高农村老年人群的健康服务水平。

其次，进一步推动老年健康服务资源下沉。

以老年人健康为中心，充分发挥基层医疗服务机构的作用，完善养老设施专项规划和区域卫生规划，推动社区综合为老服务中心与社区卫生服务站、护理站或其他医疗设施邻近设置。推进基层医疗卫生机构和医务人员与居家老年人建立签约服务关系，为老年人提供健康管理服务。在居家、社区和机构养老服务中，全面推行老年人健康理念、健康生活、健康膳食、健康运动、健康娱乐、健康管理、健康心理等服务，切实有效延长老年人健康生活状态，降低老年人失能发生率和老年痴呆患病发生率，实现健康老龄化。

最后，推进不同性质涉老运营主体平等竞争。

制定公平公正的竞争原则，鼓励支持不同所有制企业投资老年健康服务，对于提供同等服务内容的民办营利性企业，给予与公办和民非机构相同的优惠政策。对于提供普惠养老服务供给的机构，不分国企、民企，营利性、非营利性，内资、外资，各项支持政策一视同仁。逐步完善市场定价机制，以老年人真实健康需求为导向，鼓励企业开发产品、做好服务、开拓市场。

（2）提高体系综合连续性

首先，完善健康教育网络。

一是加强多层次老年健康教育服务体系建设。充分发挥政府的主导作用，统筹健康教育资源，针对不同年龄老年群体分类进行健康教育，完善包括社区服务中心、基层老龄协会、老年大学等在内的健康教育实施网络，实现健康教育全覆盖。二是强化"主动健康"意识，增加老年人参与主体性。将"主动健康"理念置于老年健康教育整体规划及实施内容之中，让老年群体认识到自己是健康的第一责任人。

其次，加强预防保健能力。

一是加大培训和宣传力度。做好老年人健康管理宣传，制定老年失能预防纲要或指南，提高失能风险防范意识。二是注重对老年心理健康评估和服务。加强老年心理健康宣传，定期进行老年人心理健康筛查和督导工作。将心理医师、社会工作者等相关服务资源下沉社区，对社区心理健康高危老年群体建档立卡，定期随访管理。三是提升应急救援能力。将养老服务应急救援体系作为国家应急救援体系和公共卫生防控救治能力建设的重要组成部分，构建"分层分类、平战结合、高效协作"的养老服务应急救援体系。各级养老服务应急救援中心"平时"依托所在机构开展养老领域应急、救援、防护、抗灾、风险等理论和方针政策研究，对纳入应急救援体系的人员进行培训，开展养老护理和应急救援实践演练。"战时"根据突发事件性质和影响程度进行分级响应，承接相应应急任务，根据需要派出和管理养老服务支援队伍。

再次，提高疾病诊治水平。

一是进一步探索建立以基层医疗卫生服务机构为基础，老年医院和综合性医院老年科为核心，相关教学科研机构为支撑的老年医疗服务网络。二是深化落实老年人医疗服务优待政策。优化老年人就医流程，推动公立医疗机构建立老年人就医"绿色通道"和家庭医生转诊优先制度等。三是做实家庭医生签约服务。进一步规范家医服务，加快制定和完善家庭病床、上门巡诊等诊疗规范、收费标准和补贴政策，建立家庭医生签约服务考核奖励机制，提高家庭医生签约服务质量。四是提高农村医疗卫生服务机构的为老服务能力。落实好乡村医生奖惩、晋级、职称评定等，探索"退休医护人员返聘"等方式，促进人才向基层有序流动。

复次，强化医养康养结合

一是加强医疗卫生机构康复服务发展。完善康复医学科，推进康复专科医联体建设，提升基层医疗卫生机构社区和家庭康复医疗服务能力，着力解决社区康复科建设不足的问题。二是加强养老机构康复服务发展。在评估老年人群护理需求的基础上，养老机构可与专业化康复机构合作，加强多样化的护理服务供给。三是在厘清医疗卫生服务和养老服务支付边界、医疗卫生服务与疾病预防服务、健康管理服务支付边界的前提下，支持养老服务机构更多承担疾病预防、健康管理等服务职能并获得相应资金支付。

又次，探索长期护理保险。

一是在支付体系方面及时总结长期护理保险试点经验，推进长期护理保险制度完善，探索可持续的支付体系。充分发挥商业保险公司在长护险建设中的作用，有效运用市场手段增加服务供给，鼓励商业保险公司积极参与制度设计和经办服务工作。二是在服务体系方面，政府、保险公司、养老机构、护理人员、标准化研究机构等多主体参与共同建立统一、细化的评估标准和护理标准。逐渐将关注点从机构长期护理转向以居家和社区照料为基础的长期护理保险模式。加大长期护理服务专业人员培养，加强失能老年人护理指导、培训等工作，开设各类网络教育、远程教育等继续教育课程等。

最后，推进安宁疗护服务。

一是加强全社会生命教育。加强对老年群体、家属及社会各界生命教育、临终关怀、悲伤管理培训，帮助社会公众思考老年人生命观、死亡观、殡葬观。二是积极探索制定安宁疗护相关制度规范。制定老年人安宁疗护指导标准，明确服务内容、收费项目及标准，完善支付体系，制定安宁疗护工作监督制度。三是完善安宁疗护多学科服务模式。加强安宁疗护教学基地建设，注重培养安宁疗护医师、护士、医务社工、心理咨询师等多学科服务团队。

（3）推进健康养老产业发展

首先，大力发展多种类型普惠健康养老服务。

进一步结合城企联动普惠养老项目，从土地、资金、金融、服务、人才等多方面加大普惠力度，精准对接老年群体的健康养老服务需求。同时，鼓励中高端健康养老服务市场规范发展。针对目前中高端健康养老服务"散、乱"等问题，加大监管力度，着力打击以办理会员卡、投资入住机构等名义进行诈骗等行为。

其次，发展健康养老、养生旅游等交叉产业。

目前中国健康养老产业仍聚焦于机构、社区居家和养老地产方面，对于康养产业、养生旅游等仍处于探索阶段，需要进一步加强老年休闲养生项目和产品研发，大力发展老年人养生保健、度假旅游、运动休闲、文化娱乐等新型业态。虽然近年来越来越多地区开始关注康养产业，但康养产业链布局、康养服务标准规范建设仍处于初期阶段，需要进一步细化研究。

最后，推动"互联网＋健康养老产业发展"。

以建立各级综合服务平台为主，形成多层次的健康养老服务综合网络。推进"互联网＋养老"企业和服务商的战略加盟合作，逐步实现"点菜式"就近便捷养老服务。以政府补贴、政府购买服务的方式促进新一代信息技术和智能硬件等产品在养老服务领域深度应用，制定智慧健康养老产品及服务推广目录，开展智慧健康养老示范基地建设。

（三）壮大老年用品产业市场

康复辅具等老年用品行业事关老年人基本生活福祉，是民生保障的重要内容，是现代社会服务的重要方面，也是扩大内需、促进经济增长的重要抓手。后疫情时期，为了在以国内大循环为主体、国内国际双循环相互促进的新发展格局中推进康复辅具产业发展，应积极推动老年用品产业发展。

1. 发展现状

老年用品产业的涵盖范围较广，不仅包括终端产品，还包括生产老年产品时所涉及的原材料以及其他中间产品。随着现代网络技术的发展，传统的制造行业正在逐步开展建设智能工厂及相关的智慧供应链，老龄产业的智能化改造需求也将接踵而至。

（1）政策体系逐步厘清并推进

老年用品就是由衰老、疾病等导致日常生活功能受损或身体机能受损而需要使用的产品。其中，老年人是主要使用人群。参照《中国老龄产业发展报告》，按照市场需求可以将老年用品分为：日用品、服饰、辅助生活器具、助行器材、电子电器、保健用品、医疗器械、医药用品、康复器材、护理用品、文化用品和殡葬用品等。

为引导老年用品产业高质量发展，培育经济新增长点和新动能，国务院及各部门出台了一系列政策发展老年用品。2015年，民政部等多部门发布《关于鼓励民间资本参与养老服务业发展的实施意见》，支持企业开发安全有效的康复辅具、食品药品、服装服饰等老年用品用具和服务产品，引导商场、超市、批发市场设立老年用品专区专柜，鼓励有条件的地区建立老年用品一条街或专业交易市场。鼓励已有电商平台完善服务功能，增加适应老年人消费需求及特点的商品和服务。

2016年，国务院出台《关于加快发展康复辅助器具产业的若干意见》（国发〔2016〕60号），是为加快康复辅助器具产业发展提出的指导性意见，其提出到2020年，康复辅助器具产业自主创新能力明显增强，创新成果向现实生产力高效转化，创新人才队伍不断发展壮大，创新驱动形成产业发展优势。产业规模突破7000亿元，布局合理、门类齐全、产品丰富的产业格局基本形成，涌现一批知名自主品牌和优势产业集群，中高端市场占有率显著提高。产业发展环境更加优化，产业政策体系更加完善，市场监管机制更加健全，产品质量和服务水平明显改善，统一开放、竞争有序的市场环境基本形成。

2019年，工业和信息化部等5部门联合印发了专门针对老年用品产业发展的政策——《关于促进老年用品产业发展的指导意见》（以下简称《意见》），提出中国老年用品产业的发展目标，即到2025年，老年用品产业总体规模超过5万亿元，产业体系基本建立，市场环境持续优化，形成技术、产品、服务和应用协调发展的良好格局。创新能力明显增强，骨干企业研究与实验发展经费支出占主营业务收入比重超过2%，以企业为主体的技术创新体系进一步健全。供给水平明显提高，产品种类更加丰富，产品质量标准、检验检测、认证认可体系逐步与国际接轨。品牌建设明显加快，重点领域品牌数量增多，区域品牌快速发展，建立适应市场需要的品牌体系。市场环境明显优化，市场监管力度不断加大，政府公共服务能力显著提高，市场竞争秩序和消费环境明显改善。《意见》提出，现阶段我国重点发展五类老年用品产业，即老年服装服饰、日用辅助产品、养老照护产品、康复训练及健康促进辅具和适老化环境改善产品。此外，《意见》从全面梳理和完善老年用品产业相关领域标准体系，面向功能性纺织品、家庭服务机器人、康复训练及健康促进辅具、适老智能家居和家电产品等领域，制修订一批关键急需的产品和技术标准，加大对国际标准的采标力度。鼓励发展具有引领促进作用的团体标准，完善团体标准转化机制，形成政府主导制定与市场自主制定协同发展、协调配套的新型标准体系。

（2）产品分类基本涵盖老年人生活各领域

虽然目前并无权威数据表明中国老年用品产业规模，但从目前老年用品市场行业发展来看，主要包括以下类型：第一，老年日用品及辅助产品。包括老年服装、手套、袜子、围巾、帽子、鞋、眼镜、登山杖等日用品和辅助产品；适合老年人操作的电脑和移动电话。第二，老年食品。指适合老年人群营养健康需求的饮食产品，包括营养食品和保健食品。第三，老年休闲娱乐产品。指适合老年人娱乐的围棋、象棋、军棋、跳棋、九连环、拼图、小闷盒、扑克牌等益智玩具，体育游艺器材，保龄球、台球、沙狐球、桌式足球等供室内、桌上等游艺及娱乐场所使用的运动游乐设备等。第四，老年保健用品。指适合老年人康复、按摩用的保健用品，如艾灸枕、艾灸贴、艾灸帽、刮痧头梳、养生理疗枕以及竹制保健产品等。第五，老年医疗器械和康复辅具。指用于病房护理、老年病的康复理疗等医疗设备；适合老年人护理所需的成人护理垫等辅助器具产品和零部件。第六，老年用品及相关产品租赁。包括商店与互联网平台租赁等，租赁范围包括医疗器械、汽车（不含九座以上客车）、电子产品、家具等，为老年人生活提供便捷。

（3）康复辅具产业是老年用品的重要领域

首先，康复辅具的定义和分类。

康复辅助器具，亦称康复辅具，是指预防残疾，改善、补偿、替代人体功能和辅助性治疗的产品，包括器具、设备、仪器、技术和软件。康复辅具是利用辅助技术将辅助器具产品因人而异地配置于残障者，起到补偿或代替身体障碍部分的功能；以工程的手段辅以矫治、固定的功能，最大限度地实现残障者生活自理，参与社会活动。老年群体由于身体机能衰老、功能退化，对康复辅具的需求程度将与日俱增。

按照国际标准化组织 ISO 划分，康复辅具涉及康复矫治、功能代偿、生活自理、社会交流、文体娱乐等方方面面。2014年，民政部发布了《中国康复辅助器具目录》（以下简称《目录》）的公告，是中华人民共和国成立以来政府部门首次颁布的全国性康复辅具目录，对规范市场、引导产品生产供应和指引社会服务具有重要作用，是促进康复辅具行业健康发展的重要文件。《目录》对产品的功能进行划分，分为主类、次类和支类。一个主类等于其下所有次类之和，一个次类等于其下所有支类之和，列入本目录的共有 12 个主类 93 个次类 538 个支类，每个支类的名称在目录中是唯一的,它在目录中只有唯一的一个位置。《目录》主类与国际标准 ISO：9999：2011 一致,共 12 项,涵盖了目前国际上所有的康复辅具类型,但根据我国康复辅具生产、供应和使用情况,对国际标准中的主类编号进行了重新编排（详见表 2-1）。

表 2-1　　　　　　　《中国康复辅助器具目录》

本目录编号	主类名称	国标主类编号
01	矫形器和假肢	06
02	个人移动辅助器具	12
03	个人生活自理和防护辅助器具	09
04	家庭和其他场所使用的家具及其适配件	18
05	沟通和信息辅助器具	22
06	个人治疗辅助器具	04
07	技能训练辅助器具	05
08	操作物体和器具的辅助器具	24
09	用于环境改善和评估的辅助器具	27
10	家务辅助器具	15
11	就业和职业训练辅助器具	28
12	休闲娱乐辅助器具	30

其次,康复辅具的重要作用。

一是有助于提高功能障碍者生活质量以及社会福利水平。康复辅具广泛用于老年人、残疾人、伤病人等功能障碍者改善生活质量和促进康复,它涉及起居、洗漱、饮食、移动、如厕、家务、交流等生活的各个方面,涵盖医疗康复、教育康复、职业康复和社会康复等各个领域,在康复过程中必不可少。配置康复辅具是帮助功能障碍者回归社会最有效的手段,对于某些重度功能障碍者来说,甚至是唯一的康复手段。康复辅具服务是我国社会福利的一种表现形式，康复辅具产业的发展水平是衡量一个国家经济发展水平、社会文明程度和人民幸福、社会和谐的重要标志。

二是有助于增强自主创新能力，促进产业优化升级。一方面，发展康复辅具产业，不仅是满足功能障碍者的生活需求，提高社会福祉的有效手段，另一方面，康复辅具市场亟待深入开拓，存在丰富的机遇，加快发展康复辅助器具产业，不仅有利于激发新消费、培育新动能、打造新经济，而且在康复辅具研究开发成果走向实际应用的过程中也会促进我国在该领域的自主创新能力的提升，诞生一批拥有自主知识产权的企业，从而活跃市场，完善产业结构。

再次，康复辅具产业的发展现状。

中国康复辅具行业经过了60多年的发展，产品种类日益丰富、科研能力不断提升、供给能力不断增强、服务质量稳步提升、人才队伍长足进步、市场格局不断完善，初步奠定了产学研一体化的产业发展基础。随着中国经济总量和内需的不断增长，康复辅具业已经进入了快速扩张的时期。

目前，中国康复辅助器具产业包括技术研发、产品制造、配置服务等门类。全国生产企业由最初的10家增加到400多家，配置机构由41家增加到2000多家，从业人员从4500多人增加到1万多人。康复辅具产品数量成倍增长，每年生产假肢6.5万件以上、矫形鞋11万只以上、矫形器127万件以上、轮椅300万辆以上，一批国际流行的现代康复辅具产品得到推广和应用。据不完全统计，2015年康复辅具产业规模已达4000多亿元，康复辅具企业产值年均增长率超过15%，这一速度远高于国际同行业发展增速。我国自主品牌的康复辅具产品由于物美价廉，已经打入东南亚市场。有的已远销非洲和美洲。部分轮椅车产品已走向世界。随着"一带一路"建设、自由贸易区以及新一轮高水平对外开放战略的有力推进，中国康复辅具产品走向世界的步伐将越来越快。

民政部作为行业主管部门，积极推动康复辅具行业发展。一是发布中华人民共和国成立以来首个中国康复辅助器具目录，参照国际标准分类办法，对中国境内生产、供应、使用的康复辅具产品进行了分类和列举，进一步规范市场、引导产品生产、指引相关服务。二是加强了康复辅具标准化工作。2014年，向国家标准委报送了8项国家标准，申请了34项国家标准立项，逐步清理了现有的 L0L 项国家标准、5项行业标准，并明确了标准化工作重点。三是实施了康复辅具配置福利项目。民政部累计投入3亿元，实施"福康工程""关怀项目"，向西部地区福利机构残疾人配发辅助器具、实施矫形手术，提高了这些群体的生存质量。四是加强康复辅具人才队伍建设。民政部推动了将假肢师、矫形器师、听力师等康复辅具专业技术人才纳入国家职业大典，并积极组织各类行业人才参加继续教育和技能竞赛等活动，促进康复辅具行业从业人员素质提升。

最后，我国康复辅具产业推广环境建设。

首先，目前中国有2.54亿老年人、9000多万残疾人和每年上亿人次伤病人，是世界上康复辅具需求人数最多、市场潜力最大的国家。发展康复辅具业，制造、配置符合中国国情的康复辅具产品，满足数量庞大的功能障碍者需求，提高他们的生活质量，已经成为政府和社会共同的责任。发展康复辅具产业是促进社会和谐发展，提升人类福祉的迫切需求。

其次，当前我国已经充分认识到发展康复辅具产业的重要性和意义。如上述不仅制定了康复辅具目录以及多项技术标准，并且发布《国务院关于加快发展康复辅助器具产业的若干意见》等政策。另外，在北京、上海等地举办康复辅具博览会，积极参与中日韩三国进行的相关康复辅具标准制定工作。可以说，当前中国康复辅具产业的发展拥有了充分的政策支持，众多商家企业对于发展康复辅具产业，开拓该方面市场的意识也已经觉醒，不少商家跃跃欲试要从中"分得一杯羹"。

专栏　上海市推动康复辅具产业发展的经验做法

一　开展康复辅具社区租赁服务试点

2019年6月27日，民政部、发展和改革委、财政部、中国残联发布《关于确定康复辅助器具社区租赁服务试点地区的通知》（民函〔2019〕61号），上海市作为唯一覆盖直辖市全市范围的城市，成为全国康复辅助器具社区租赁服务试点地区。

1. 分步实现社区租赁服务网点全覆盖。2019年首期试点共有16个区、70个街镇，共计提供70个租赁网点，主要类型为社区综合为老服务中心、养老机构等。2020年新增80个租赁网点，2021年实现康复辅具租赁服务网络在本市街镇全覆盖。

2. 建立康复辅具社区租赁产品目录。在研究民政部颁布的《中国康复辅助器具目录》基础上，梳理出5个一级类别、13个二级类别、19个三级类别共45种产品，形成了本市康复辅具社区租赁试点产品目录。同时，通过项目化方式运作，选择入围的康复辅助器具社区租赁试点产品供应商和服务供应商，共有45家产品供应商和14家租赁服务供应商入围参与康复辅具社区租赁试点。

3. 制定试点期间补贴政策。试点期间，本市户籍75周岁（含）以上老年人和60周岁以上低保、低收入老年人租赁《上海市2019年社区康复辅具租赁产品目录》中的产品，可以申请租赁服务补贴，补贴金额为辅具租赁服务价格的50%，每人每年最多不超过3000元。

> 二 落实康复辅具产业空间布局规划
>
> 按照《上海市人民政府办公厅关于促进本市养老产业加快发展的若干意见》(沪府办〔2020〕30号)中关于"大力发展辅具用品产业"的要求,依托青浦西虹桥康复辅具产业园、闵行南滨江产业园等辅具园区,加强创新孵化和产业集聚,吸引国内外优质辅具企业总部落户。鼓励张江高科技园区、漕河泾新技术开发区等科技园区布局发展智能辅具产业。鼓励医疗器械企业和创新型企业发挥技术优势,拓展研发康复辅具产品,支持符合条件的康复辅具产品申请医疗器械注册。
>
> 2018年11月9日,在青浦区西虹桥建成首个上海市康复辅助器具产业园,定位为产业加速器,产业园区由上海市小咖云康复辅具产业服务促进中心运营;2019年6月6日在闵行南滨江建成第二个上海市康复辅助器具产业园,定位为新产品孵化和科技成果转化,推进康复辅具创新链和产业链融合。同时,建设"康复辅助器具创新产品体验馆",定期发布和展示康复辅具的创新产品,举办互动体验活动;依托国家会展中心6+365天常年展示馆,建设"康复辅助器具应用场景展示馆",打造"进家庭、进社区、进机构"的应用场景。
>
> 资料来源:上海市发改委提供的调研资料。

2. 存在问题

总体而言,我国老年用品产业发展仍处于起步阶段,且老年用品范围广、政策支持体系仍有待健全、企业发展尚未成熟。具体表现在以下四个方面。

(1) 消费习惯和支付能力均有限

老年用品行业受消费者购买力限制情况的问题突出。目前以 20 世纪 50 年代前出生人口为主的老年群体消费观念还较为保守，自费购买差异化老年产品和服务的意愿还不强。目前市场上并未将"老年人"作为特殊购买群体，有个性化和针对性的产品研发和设计也偏少，就是因为这一群体的购买倾向、习惯和潜力并未释放。在康复辅具产业发展较快的上海尚存在此类问题。从需求侧来看，老年人的支付能力和意愿还不足，对养老服务缺乏有效需求。单看养老金，2019 年，上海城镇职工平均养老金每月 4350 元，领取城乡居民基本养老保险的老年人月收入更低，尽管老年综合津贴、长期护理保险等政策实施后，老年人的支付能力有所提升，但提升幅度仍有限。

(2) 产品种类单一、缺乏品牌和龙头企业

老年用品产业发展起步较晚，加之企业经营还受到老年人消费水平有限、多元化需求尚未被完全激发以及传统观念等束缚，所提供的老年用品只覆盖到老年人日常基本生活，难以满足老年人休闲娱乐、医疗保健等方面的高层次需求。老年用品鱼龙混杂，质量标准不一。以老年服装行业为例，服装行业中很难区分"老年"服装行业特质，且基本以小品牌为主，品牌与品牌之间没有个性化特征，难以充分挖掘市场需求潜力。企业需要着力打造知名品牌，增加老年人的信赖和安全感。从老年用品企业发展来看，目前仍处在一个自发型、盲目型、分散型的状态，没有系统性的规划和整体的布局，市场细分还不到位，出现了多家企业生产经营具有相同功能的产品，目前尚无品牌化、连锁化、集团化的老年用品龙头企业，不利于市场规模的扩大和服务需求的满足。

(3) 供需匹配缺乏必要和专业的渠道

从目前老年用品的销售方式来看，仍然主要通过线下购买的方式进行，但是随着老年人对互联网接受程度不断加深，老年群体开始逐步养成通过互联网购物的习惯。需要进一步进行老年用品网购平台建设，或是引导老年用品企业与现有的电商

平台合作，进一步丰富老年用品的销售渠道。反之，相对于一些专业化的老年用品，如康复辅具等，有些辅具并非标准化产品，而是需要前期体验、调试和后期追踪服务的，但目前这些与产品配套的渠道和平台缺失，有需求的家庭和个人难以寻找到相关产品，客观上制约了购买力释放。

（4）专业度较高的康复辅具产业发展程度低

首先，自主创新能力严重不足。目前，我国康复辅具市场结构明显失衡，中高端市场基本上以国外产品为主，大部分国内产品在低端市场白热化竞争，这是自主创新能力不足在产品市场方面的具体表现。分析其原因，客观上受制造材料、工艺水平、装备水平不高等行业外部因素制约，主观上也存在几个突出问题。一是康复辅具领域科研工作薄弱，科研投入少、缺乏规划，没有形成以政、产、学、研、用为一体的科研体系。二是企业尚未成为自主创新主体，专利意识不强，仿制仿造现象普遍，关键技术自给率低。三是科研技术人员缺乏，掌握康复学、工程学、材料学等方面知识技能的组合型人才少，康复辅具科研技术人员培养教育机制尚未建立。

其次，保障和服务能力十分有限。主要发达国家普遍将康复辅具纳入了社会保障范围和公共服务体系，国民需要的基本康复辅具和困难群体需要的特殊康复辅具，都有国家制度给予保障。我国这方面的工作刚刚起步，尚未形成顶层制度设计。在社会保障方面，工伤保险制度将工伤人员的基本康复辅具纳入了保障范围但普通人群在疾病治疗或辅助性治疗中需要的康复辅具未列入基本医疗保险报销范围，还需要患者自费。残疾人、老年人等困难群体的康复辅具需求没有制度性保障，只是实施了一些补贴项目。存在覆盖范围窄、政策不稳定、运行不规范等问题。在服务体系方面，康复辅具配置服务机构、专业技术人员严重不足；服务标准、服务规范不健全，行业服务质量参差不齐而且监管不力；民政、残联、卫生系统的服务资源没有进行统筹协调，服务体系建设尚在探索，老年人、残疾人、伤病人等功能障碍人士的康复辅具配置率低，国内巨大的消费潜力没有得到充分释放。

最后，行业监管能力亟待加强。自假肢矫形器业转型为康复辅具业后，相关行业管理制度没有随之改革和调整，使得目前康复辅具业除了假肢矫形器外，其他领域的行业监管都出现了大量空白。一是多部门监管机制没有形成。民政、卫生、人力资源社会保障、药监、残联等多部门都参与康复辅具相关工作，但职责分工不清，缺乏协调和统筹。二是监管制度缺乏。康复辅具业监管的法律法规、标准和规范性文件还很少，有法可依、依法行政的工作基础十分薄弱。为数不多的监管制度集中在假肢矫形器领域。由于出台时间较久，也亟待修订完善。三是监管理念需要调整。"宽进严管"的认识还不统一，重行政监管、轻社会监督和行业监督的理念有待转变。行业信用体系尚未成型。四是监管力量需要培育。在服务方面，缺乏一支既懂专业又懂行政的监管队伍。康复辅具服务监管工作还没有大规模开展。在产品方面，除纳入医疗器械目录的康复辅具得到监管外，大部分康复辅具产品主要依靠企业自我管理，全国具备康复辅具产品检验资质的机构还很少，检验检测能力有限，每年只有少量产品能够得到质量抽检。

3. 国外经验

（1）日本

日本是超高老龄化国家。超老龄化是当今日本社会的显著性特征。当前，日本65岁及以上人口已经超过3300万人，创下历史新高，占总人口比例超过26%，预计到2035年这一比例将达到33%左右，2060年将接近40%。老龄化浪潮导致日本人口总量萎缩，但另一方面也迅速催熟了日本老龄产业、老龄福利事业和"银发产业"。

首先，产业总体情况。

关于辅助用具的使用，一般可以通过购买或者租借的手段获得。据统计，在2008年老龄用品租借的费用额度便达到1767亿日元，经营辅助用具出租的企业达6954家，平均每家的费用额度为220万日元左右。日本2014年度的辅助用具产业（狭义）的市场规模整体为13995亿日元，与上年之比为103.8%。其中，假肢类为2224亿日元，个人护理相关产品类为4275亿日元，交流用相关器具类为3460亿日元。就产品种类而言，2014年度更加普及至一般产品，如假发、假牙、住宅用电梯、眼镜、助听器等，与上年之比为103.9%。根据日本公益财团法人科技急救协会系统收集的信息显示，至2017年6月，在该协会收录的企业为754家，产品类别涉及治疗训练类、假肢类、家用器具等大约10个大类别。据统计，在全球60000多种老龄产品中，中国市场可见的只有2000多种，而日本则有40000多种，产品种类仅为日本的1/20。

其次，技术水平。

在老龄用品开发和应用方面，日本制造业自动化程度高，重视人性体验和"细节需求"的特色得以充分体现。在开发老年人用品的种类和功能方面，日本遥遥领先于很多发达国家。具有代表性的是日本研制出的各种高度自动化的器械，如方便身体瘫痪的老年人吃饭、洗澡和如厕的特制食器、淋浴器、便池等。另外根据老年人特定需要，日本企业还开发出各种新产品。至于常见的老年人眼镜、专用服饰、除皱器乃至化妆品等更是种类齐全。可以说，日本老年人用品已差不多覆盖各个生活领域，"在照顾老年人需求方面毫无死角"。

最后，经验与优势。

一是设立专门机构，辅以政策及经费支持，致力于康复辅具的研发。

为推进康复辅助用具的研究开发，完善标准与评价基准，促进康复辅助用具的健全发展，从而实现向需求者提供物美价廉的康复辅助用具的目的，内阁府委托公益财团法人科技辅助器具协会，通过"残疾人资历支援用具信息收集及发布系统"，致力于康复辅助用具之需求与新技术服务的信息衔接对称。并且，自2010年起，在"残疾人自立支援辅助用具开发促进事业"之下，征集身体残障者的希望需求，导入各个专门机构的评估体制以及使用者的体验评价机制，提供试制用具的经费支持。

关于研究开发，原来在国立残疾人复健中心研究所，进行有关复健支援系统、支援技术、康复辅助用具的研究开发以及评估办法研究开发活动。自2010年起，对康复辅助用具使用者进行研究，以及探讨从器具研发到普及的新机制的同时，作为新的研究领域，开始进行针对适用于轻度认知症患者的康复辅助用具的研发。

二是推动康复辅具从研发到实用普及。

自1994年开始，根据《促进康复辅具的研究开发及普及相关法律》，实施推进"康复辅具实用化开发推进事业"，该事业中，针对那些旨在实现康复辅具实用化开发的民间企业，通过独立行政法人新能源产业技术综合开发机构（NEDO）提供研究费用支持，自该制度实施以来，截至2011年，采纳了195件项目。另外，在独立行政法人福祉医疗机构，自2010年起实施的"社会福祉振兴扶持促进事业"，对支持日常生活、社会活动的康复辅具的实用化研发提供支持。

三是致力于制定与统一专业技术标准。

为推进康复辅具的开发及推广，保证安全性的前提下，提高品质，确保通用性而使生产合理化，从而有助于向购买者提供合理信息，客观的评估办法、标准是不可或缺的。为此，自2004年开始至2011年一直在推进适用日本工业规格（JIS）的康复辅具的标准化。

2001年，汇总当时的高龄人群及残疾人群的关怀注意事项，出台了国际（ISO/IEC指南71），日本在2003年以该指南为基准制定了JISZ8071。目前，基于该规定，为使产品更加便于老年人及残疾人使用，而在不断制定更新相关JIS规格，截至2011年，包括JISZ8071在内，共制定了33项规格。除此之外，日本还积极致力于国际标准的制定，参加国际标准化机构（ISO）的包装技术委员会（ISO/TC122）、人类工程学技术委员会的活动，并且致力于向上述委员会提交日中韩三国制定的标准草案，截至2011年，共发布了5项国际标准。

（2）美国

首先，产业总体情况。

美国是当今世界第一经济强国，在应对人口老龄化方面具备完整的社会福利体系。关于美国的老龄用品产业发展状况，从2016年于印第安纳州会议中心举办的全美养老产业及老年用品展会上可见一斑，该展会上展出的产品种类非常丰富，主要有医疗康复仪器设备、脑部健康设备、电子医疗记录设备、紧急情况应急设备及系统、老年人娱乐设备、养老院设计及无障碍产品、沐浴系统、手部清洁护理、居住护理及个人护理产品、寝具、家具、座位、计算机/数据管理软件、火灾安全与防控系统、居住监控系统、标示显示系统、技术辅助设备、电视系统、无线通信、照明设备、紧急情况应急系统、电子医疗记录系统、徘徊式跌倒预防、远程监控产品等。

除常见的康复辅助用具以及医疗机械以外，针对老年人的身心特点，美国许多企业还发挥奇思妙想，创造出许多适应老年人需求的新鲜潮品，如智能跟踪鞋垫，功能性服装，防疲止痛鞋，自动变焦电子眼镜等。可以说，美国已经占据老龄用品诸多高端科技的战略制高点。2014年全球医疗器械及相关产品的销售业绩为4000亿美元。而美国的医疗，康复护理用品则占据全球市场份额的40%。2013年医疗器械及相关康复辅助用具销售额前20位的全球排名中，美国占据13个名额。其中，一家名为"JOHNSON & JHONSON"的企业排名第一位，销售额为28.5亿美元。50岁以上老年人的消费活动所产生的市场价值每年高达7.1万亿美元。老年人将在消费品方面花费3万亿美元，在健康护理方面花费1.6万亿美元，这将为美国创造数以百万计的工作岗位。

其次，技术水平。

美国的康复辅具产业规模逐年扩大，平均增速超过其他国家。首先，重视科技的作用，其康复辅具行业基础雄厚，整体竞争力强，从传统制造向高科技发展迈进；其次，产品品种丰富，重视研发，从普惠型到智能型康复辅助器具都有研发和生产，专门型的生产企业众多，且在不断开发研制新产品；最后，重视辅助器具产品的设计、创新及个性化，辅助器具行业企业与大学、公共医疗保健部门之间的合作与互动日益密切，行业形成了产、学、研、用相结合的产业链条。

最后，经验与优势。

首先，美国康复辅具产业的发展离不开其强有力的科研投入。美国的研究中心多设立在大学和相关的研究机构，分工开展康复器械和辅助器具的研发工作。另建有国家残疾人康复研究院、退伍军人管理部、国家卫生院、国家自然科学基金会等国家级科学基金组织，通过专项基金对上述研发机构进行资助，同时还资助2000多家中小企业，将科研成果转化为实用产品投放市场。以2012年GDP推算，美国在辅助技术领域的投入约为3.6064亿美元。

其次，培育专业从业人员，建立资格认证机制。如美国的北美康复工程与辅助技术学会（Resna-Rehabilitati Oneng Ineering And Assistive Technology Society Of North America）提供辅助技术专家（Assistive Technology Professional）、康复工程技术专家（Rehabilitation Engineering Technologist）以及坐姿与移动专家

(Seating And Mobility Specialist)的岗位资格认证。截至 2013 年，全美共有辅助技术专家 3640 人，康复工程技术专家 35 人，坐姿和移动专家 158 人。

最后，加强立法，以法律支持康复辅具产业的发展。美国《残疾人法》和《残疾人辅助技术法》全面涉及了康复器械和康复辅助器具的扶持政策。美国《康复法》中要求有关机构和厂家在发展电子与信息技术产品时必须考虑残疾人的要求，为辅助器具技术的发展提供了保障。1998 年《残疾人辅助技术法》第三条（Assistive Technology Act of 1998，Sec3. Definitions and Rule B16）规定：各类残疾人、少数民族、贫困者、英语不精通者、老年人以及居住在乡村的人，都平等地享有使用辅助技术的权利。对于辅助器具的资金来源，《残疾人辅助技术法》规定了多渠道的筹集方式，包括联邦政府、各个州政府、私人保险公司、私营实体及银行低息贷款等。

（3）丹麦

首先，产业总体情况。

丹麦是北欧国家中福利及老龄产业非常发达的国家，其护理用具产业的历史可以追溯至 1900 年。该行业的先驱为 1904 年设立的 OTICONA/S 公司，从事助听器的生产。在丹麦，从事护理用具及关联产品生产的企业多为从业人数 100 人以下的小规模企业。

丹麦的 OTICONA/S 公司、WIDEXAPS 公司、DANAVOXA/S 公司，REXTONHOREAPPARATERA/S 公司为丹麦国内规模最大的 4 家助听器生产企业。在国内以及海外行业竞争日益加剧的情况下，该 4 家企业在基础开发项目以及研究领域建立了合作机制，并将研发成果共同应用于产品的生产。截至目前，此 4 家企业生产的助听器在全球的市场份额为 30%。丹麦的部分老龄用品在中国也有广泛销售，在中国相应市场占有重要地位。除此之外，丹麦大部分的康复辅助用具的生产者均加入了行业团体——丹麦复健协会，并且与丹麦出口协会合作共同开展相关产品的出口事业。丹麦的康复用具在国际市场上具有相当高的评价，预估今后仍会获得进一步成长。

其次，技术水平。

一是企业自主研发、设计为主导。

丹麦一半以上的康复辅具制造企业的产品开发、设计基本上是在公司内进行的，很少委托外部机构进行。但是，丹麦康复辅具基本上是应用于公共福利、医疗服务领域，为提升使用者的使用感和舒适程度以及改善护理人员的工作环境，对于康复辅具安全以及性能方面具有较高的要求。因此，康复辅具相关信息的收集、提供以及研究十分重要，负责此方面工作的是丹麦康复辅具研究所。另外，虽然"丹麦设计"闻名于世，但是实际上并不存在专门的设计机构，而是各个生产企业负责，其在研发生产产品时便十分注重产业的机能与设计的协调。

二是设置专门机构，负责信息收集、评估与研发。

丹麦康复辅具研究所是由全国14个郡和2个自治市共同出资建立的非营利机构。该研究所共50人，有以下4个部门，分别是：①康复辅具及交流部门，②研究部门，③网络部门，④会计运营部门。致力于研究康复复健技术，康复辅具，进行市场供给调查，主要涉及康复辅具的品质以及安全性，获取难易程度，使用者参与事业相关的专门知识的信息提供中心，同时也实施康复辅具的品质、安全性测试以及检查方法，样品的开发。近年来也致力于构建康复辅具数据库。

最后，经验与优势。

一是立法与政策支持。

在20世纪30年代，便制定《社会支援法》，以此法的实施为分界点，以教会为中心的慈善事业逐渐过渡为国家负责的公共福利事业，该法以贫困者、身体残障人士以及孤寡老年人和儿童作为对象，建设大规模的残疾人福利设施，并且提供日常生活最低限度的辅助器具。20世纪60年代颁布了《康复复健法》，一些康复辅具企业便成立于此时。至70年代，将已经存在的数部与福利相关的法律统一至《社会支援法》中，明确康复辅具的提供。自此，康复辅具不再仅仅面向身体功能障碍者，而是也面向老年人提供，此时丹麦康复辅具的研究开发开始走向正式。2000年以后，特别指定副首相作为残障者福利领域的担当大臣，同时，同残疾者福利相关的机关（如经济产业部、财务部、教育部、社学技术开发部等）的负责人组成残障者委员会。

二是完备的机构体系的支撑。

除上文提到的康复辅具研究所外，首先，在全国每个郡以及两个自治市至少设有一家康复辅具中心，该中心主要负责以下事项：

①对辅助器具及住宅改造提供一般的以及专门的信息和指导；

②地方自治体解决困难的特殊案例的指导；

③市场上使用的康复辅具相关的信息收集；

④康复辅具的展览以及与康复辅具产业之间的合作；

⑤同其他辅助器具中心或者辅助器具研究所之间的信息交换或者专门信息的储备。

其次，在全国各地设立专门信息中心，负责身体功能残障相关的信息收集与提供，其中也包括特殊康复辅具信息。如：自闭症信息中心，失语症患者信息中心，老年人信息中心。此时，随着身体残障人士生活正常化的诉求与水平逐渐增长，对于康复辅具的数量以及品质性能的要求也逐渐提高。此时成立了丹麦康复复健组织。每年举办康复辅具展览，并且积极参与丹麦康复辅具的海外出口活动。

最后，除上述组织之外，还存在与康复辅具相关联的团体，即：①丹麦康复复健组织；②丹麦出口协会；③丹麦家具产业联盟；④医疗器具产业联盟；⑤助听器制造业者合作组织；⑥助听器制造业者软件协会。可以说丹麦康复辅具的发展与出口离不开上述组织的协调与指导。

三是企业自主研发及合作意识高。

如上所述，丹麦一半以上的康复辅具制造企业的产品开发、设计基本上是在公司内进行的，很少委托外部机构进行。除此之外，在国内以及海外行业竞争日益加剧的情况下，助听器领域的生产企业在基础开发项目以及研究领域建立了合作机制，并将研发成果共同应用于产品的生产。不得不说其自主创新以及合作意识是值得我国康复辅具行业的生产企业学习的。

(4) 德国

首先，产业总体情况。

德国是世界上装备制造水平最高、经济品质最好的国家之一，具备完善的高福利社会保障体系。在面临老龄化问题方面，也处于严重老龄化社会的大格局之中。据法国《费加罗报》报道，近25年来，德国人口的老龄化程度也远远超过法国和英国，从1991年至2016年1月，德国的老龄化程度（65岁及以上）达21%，提高了6个百分点。在世界范围内，德国人口老龄化程度仅次于日本。

2008年在德国，包括老龄用品（康复辅助用具）在内，其医疗技术市场的销售额度约为186亿欧元，比上年增加了6个百分点。德国康复用具生产的特征是其出口率非常高，占生产总量的64%，2008年其出口率同2000年相比，增长了13个百分点，其中最主要的贸易相对方——欧洲占41%，北美则为22%。就产品的种类而言，也非常丰富，并且极具人性关怀，比如增大按键的电话，专门用于老年人的刮脚器，方便老年人服药的器皿，等等。

不同于其他国家，在德国，其康复辅助器具市场规模分为健康保险供给以及个人购买两部分。其中，2/3的康复辅助用具来源于法定疾病保险的供给,所以在考察康复辅助用具的市场规模时一般会以法定疾病保险方面供给的数量额度为基础进行,而如此计算会在一定程度上接近实际的市场规模。

其次,技术水平。

一是标准化程度高。

针对康复辅助用具的范围,政府管辖的保险以及护理保险公司的总括团体编纂了康复辅助用具名录,在该名录中,医师可以开具的产品种类达 15000 种。另外该名录中不仅包括产品的详细信息,还收录了保险公司是否负担该产品经费的信息。除此之外,备受瞩目与好评的还有德国的居家护理,在医师的指导下,由专门的人员提供医院的诊疗与居家的护理相结合的服务。此项服务可以缩短住院时间,使患者在家进行治疗,从而削减相关费用,并为患者带来治疗的舒适感。

二是产品品质安全性高,从业人员具备专业素养。

德国康复辅具以高品质以及高性能而著称,这离不开其对康复辅具研究开发的投入力度。近年来,比较为人称道的是其开发的护理型机器人。虽然在市场上还未广泛普及,但是其技术水平从中可见一斑。另外,专门从事康复辅具配置服务的专业人员数量非常多,8189 万人口的德国假肢矫形领域雇员超过 36000 人,其中 50% 以上为注册假肢矫形师。

最后,经验与优势。

一是立法完备。

在德国,康复辅具被纳入社会福利制度,并通过与保险制度相结合而被加以广泛推广。德国社会福利保障制度概括为:"政府立法,福利保障,全民参与,融入社会。"到 1981 年已建成世界上最完整的社会保障体系,他们先后制定公布了《社会福利保障法》《残疾人保障法》《工人疾病保险法》《养老金保险法》《事故保险法》《伤残老年保险法》《护理保险法》等多部法律。这些法律组成的法律体系保障了不同残疾人康复辅助器具的资金来源。对于3—21岁的残疾人，辅助器具配置及相关服务由政府财政完全承担；21岁以上因工致残者由工伤保险基金负责；21岁以上因病或者其他原因致残的劳动者由养老保险基金负责，非劳动者因疾病伤残康复需要的辅助器具则由医疗保险和长期护理保险基金负责。残疾人辅助器具的资金主要来源于健康保险基金，如医疗保险基金为被保障者提供医疗支持，包括地方健康保险基金、企业的健康保险基金、行业健康保险基金、海员保险基金、薪职人员的选择性法定基金、矿工联邦保险基金、农业工人健康保险基金等，都对各自被保障对象的医疗康复负责。

二是专业的从业人员与专门的配置机构。

如上述德国拥有数量充足的康复辅具的专业从业人员，比如德国的假肢矫形机械员不仅从事假肢矫形器的配置服务工作，还负责其他个人辅具的加工和个性化配置，如轮椅或康复用床等，以及对患者和患者家属说明产品的使用方法和作用原理，同时，从辅具技术层面向医生和治疗师提供咨询服务等。同时，其康复辅具配置机构采取认证制度，比如在德国拥有认证资格的假肢矫形器相关配置机构达到1914家，能为广大的有需求者提供满意合理的配置服务。

(5) 韩国

首先，产业总体情况。

韩国是东亚地区的经济发达国家，是中国近邻，具备典型的东方文化背景和习惯，深受儒教思想的影响，同样面临着严重的人口老龄化问题。根据韩国老龄亲和用品产业协会的调查，2006年韩国生产老龄亲和用品的公司为376家，2007年为415家，2008年更是达到866家，呈现持续增长势头。调查显示，老年人希望使用保障用品的比重达到27.9%。这说明老龄亲和用品产业具有很大的发展空间，需要建立更加多元化、多层次的老龄亲和用品开发和供应体系。老龄亲和产业的发展带来了巨大的经济效益,成为带动韩国经济发展的新动力。2010年,韩国老龄亲和产业规模超过41兆韩元,预计到2020年达到148兆韩元。

其次,技术水平。

随着韩国实施护理保险制度以及引导产业的发展,对于医疗康复辅助用具的需求逐渐增加。现在在韩国市场上,残障人士用辅具与医疗器具混同,在市场上,一些价格便宜且技术含量较低的产品主要依赖于进口。而韩国本土生产的则集中于价格高科技含量高的产品。

当前,韩国针对康复辅具的品质规格以及标准化,系统的综合支持体系的关联立法正在不断完备中。

最后,经验与优势。

一是较好的政策支持。

从2005年开始,韩国政府用"老龄亲和产业"的名称代替发达国家称为"银发产业"(SILVER INDUSTRY)的老龄产业。韩国老龄化及未来社会委员会(2005)定义"老龄亲和产业"为:"以生理上的老化和社会、经济能力低下的老年人为对象,以保持和增进精神、身体健康,提供便利和安全保障为目的,民间部门依据市场竞争原理提供商品和服务的产业。"所谓老龄亲和,即注重老年人对便利性和安全性的需要,强调对此优先考虑。

韩国政府将"老龄亲和产业"的对象界定为65岁以上的老年人和其主要照护者,即将步入老年阶段的"婴儿潮一代"(1955—1963年出生的人)教育和收入水平相对较高,需求更加多样化,也是老龄产业的主要服务对象。2008年7月,韩国政府正式推行被称为老龄产业发展动力的"老年人长期照护保险制度"。韩国老龄化及未来社会委员会(2005)以韩国国际竞争力、市场亲和力、公共性为基础,依据韩国的预想需要和由此带来的经济性,提出了涉及8个部门的19个战略项目。2006

年，在照护、器械、信息、闲暇活动、金融、住房、农业等七大产业的基础上，又提出扩大交通、食品、医药品、丧事、服饰、教育这六大产业的必要性，共选定14个部门的34个项目作为重点发展内容。

二是按类别确定康复辅具使用及推广方式。

老年人长期照护保险制度实行之前，韩国低生育老龄社会委员会在众多老龄亲和用品中，采取销售和租借的方式对所选择的14个种类进行推广。销售专用种类一般是价格比较低廉、无法循环使用的用品，如移动型坐便器、洗澡椅子、步行辅助器、安全扶手、携带型排便器、防滑用品、手杖等。销售和租借种类价格相对较高，消毒后可以继续使用，如手动型轮椅、电动床、手动床、防褥疮床垫、坐垫、可移动型浴缸、洗澡电梯等。

(6) 各国支付体系

新加坡——高福利体制下的支付体系。1994年，新加坡政府制定了"赡养父母法"，1995年11月予以颁布，成为首个拥有赡养父母法律的国家。同时，推出一些包括老龄用品在内的津贴补贴计划，鼓励子女与父母同住。推出"三代同堂花红"，即与老年人同住的纳税人享受相应的利益，尤其是病重或残疾人。对于病危或严重残疾人士的服务和康复辅具，政府每月发放一定额度的资金援助。

英国——社区养老体制下的支付体系。从20世纪90年代起，英国政府采用社区养老模式。这种模式以社区为依托，通过为老年人提供居家服务、家庭照顾、托老所、老龄用品（康复辅具）支持等形式保障老年人的生活，同时为提高服务质量并降低成本，又引进市场竞争机制，政府与社会资本合作为老年人提供医疗保健服务。

日本——介护险制度下的支付体系。日语的"介护"是指以照顾日常生活起居为基础、为独立生活有困难者或老年人提供帮助其自立自理的支持。日本在1997年12月通过《介护保险法》，2000年4月正式实施。保险费支付对象为居住在日本的40岁以上者（包括外国人），接受支付对象为其中65岁以上为标准。国家财政＋地方财政＋企业和超过40岁的个人是该项资金的承担主体。从该资金池中，根据法律建立的标准对老龄用品和老龄服务的提供成本进行高额补贴，是日本应对人口老龄化的标志性特点。

瑞典——高福利体制＋私人参与下的支付体系。瑞典是著名的高福利国家，政府承担包括老龄用品使用成本在内的大部分养老等费用，甚至高达费用的96%，但又引入私人经营参与的机制。其主要管理模式为政府设置养老机构，如老年人活动中心、老年人公寓等，由私人经营，或者是政府资助养老机构，由非政府组织承办等。

综上所述，对于人口老龄化这样一个跨国界、跨种族、跨地域、跨文化、跨信仰的国际共通性问题，对于如何有效解决中国老龄化问题，有大量的工作和努力需要去做。中国拥有世界第一的老年人口，有着世界第一的老龄市场需求，在积极有效借鉴国际经验的基础上，一定会探索出一条高效、可行的路径。

4. 发展思路
（1）加快发展衣、食、住、行各类适老用品

发展功能性老年服装服饰。在服装面料、款式结构和辅助装置等方面进行适老化改进，加强老年人服装吸湿速干、易护理、拉伸回弹、蓄热保暖等功能性以及适老结构的设计。增加感光、防紫外线及高性能纤维等新材料应用，开发防跌、防滑功能的老年鞋等，增强老年人服装的安全防护功能。

开发促进老年人健康的食品餐饮系列。研发适合老年人咀嚼咬合和吞咽功能退化、慢性病高发等生理健康特征的食品餐饮品种，规范老年保健品行业标准。

发展智能化日用辅助产品。满足老年人生活起居、出行移动、交流通信、休闲娱乐等需求。重点开发适老化家电、家具以及新型照明、洗浴装置、坐便器、厨房用品、辅助起身、智能轮椅、生物力学拐杖、助行机器人以及安防监控、家务机器人等。推广使用易于抓握、手感舒适的扶手等支撑装置、地面防滑产品、无障碍改造产品等。发展老年益智类玩具、弹拨乐器、心理慰藉和情感陪护机器人等休闲陪护产品。

发展安全便利养老照护产品。针对机构养老、日间托养、上门护理等需求，重点开发辅助清洁卫生、饮食起居、生活护理等方面产品，提升成人尿裤、护理垫、护理湿巾、溃疡康复用品等护理产品的适老性能。发展适用于辅助搬运、移位、翻身、夜间巡检等机器人产品，提高护理效能。推广环境监控、老年人监护、防走失定位等智能辅助产品。

发展康复训练及健康促进辅具。加快人工智能、脑科学、虚拟现实、可穿戴等新技术在康复训练和健康促进辅具中的集成应用。发展外骨骼康复机器人、认知障碍评估和训练辅具、沟通训练辅具、失禁训练辅具、运动肌力和平衡训练辅具、老年能力评估和日常活动训练等康复辅助产品。发展用药和护理提醒、呼吸辅助器具、睡眠障碍干预以及其他健康监测检测设备。

（2）增强产业创新和智慧发展能力

结合"大众创业、万众创新"，构建以企业为主体、政产学研用紧密结合的老年用品产业自主创新体系。开展关键共性技术、重点产品的联合攻关，促进老年用品领域基础研究与产业应用的交叉融合。加强高层次人才队伍建设，大力培养产业发展急需的创新类人才。

围绕老年用品产业细分市场发展趋势，推动智能制造、柔性制造、网络制造等新型制造模式创新发展。严格落实企业质量主体责任,推广和运用精益制造、全面质量管理、卓越绩效等先进质量管理技术和方法,开展质量比对、质量攻关、质量改进等活动。建设标准化、专业化的老年用品第三方质量测试平台,开展老年用品质量测评、验证和认证工作,制定产品信息和隐私安全的检测评价技术方法。

(3) 加快构建标准体系和品牌建设

全面梳理和完善老年用品产业相关领域标准体系,加大对国际标准的采标力度。鼓励发展具有引领促进作用的团体标准,完善团体标准转化机制,形成政府主导制定与市场自主制定协同发展、协调配套的新型标准体系。

引导企业加强品牌战略管理,促进品牌与养老服务、高新技术产业融合,提高产品附加值和性价比。支持品牌企业创新商业模式,与大型养老机构、社区、医院、老年文化中心等合作,积极开展促进产销对接活动。鼓励地方和行业协会依托产业集群、国家新型工业化产业示范基地等培育区域品牌,对条件成熟的行业编制品牌发展报告。

(4) 构建加快康复辅具产业发展的政策体系

作为老龄产业的重要组成部分,处于初级发展阶段的康复辅具业需要政策组合拳的强有力扶持和引导,更加健康有序地发展,实现创新链、服务链、资金链与产业链的融合。

首先,研究制订中长期发展规划,出台强有力的配套扶持政策。

相关部门应尽快研究制订产业中长期发展规划,完善康复辅具产业政策,弥补市场缺陷,高效配置资源,引导和规范康复辅具业的发展,打造民族企业和民族品牌。借鉴国外发达国家的有益经验,如美国的《辅助科技法》和日本的《福利用具研究开发普及促进法》。适时开展行业法制建设,保障行业的可持续、健康发展。

其次,加快建立长期照护保障制度,快速提升老年人的有效刚需。

逐步建立长期照护保障制度，促进康复辅具业的长足发展。长期照护保障制度的缺位已经成为制约康复辅具业发展的瓶颈。只有建立起制度化的筹资机制，才能解决老年人在经济上的后顾之忧，才能逐步改变他们的消费观念，逐步释放广大老年群体的购买力，进而促进康复辅具业的发展。建立长期护理保险制度需要一个过程，目前亟须试行购买和使用康复辅具的补助办法。

国家在注重发展老龄服务业、政府购买服务的同时，也应试行老年人购买和使用康复辅具的补助制度，同时应鼓励和支持各地社区居家养老服务中心或者社区日间照料中心开展康复辅具租赁服务。

再次，优化行业发展环境，激发企业发展活力。

建立并完善相关标准。首先，要逐步建立康复辅具，特别是那些对老年人健康和安全影响较大的产品的质量标准体系，保障产品质量，规范市场行为。其次，在建设养老机构时，要制定康复辅具、护理用品等必要老龄用品的配套标准，推动服务的规范化，促进康复辅具业的发展。

加大市场监管力度，建立完善的市场准入和产品认证制度。相关部门及行业协会应加大对康复辅具市场的监管力度，对于没有生产资质的用品厂家要严厉打击，坚决杜绝不合格产品流入市场、破坏市场秩序，从源头上维护消费者和合法企业的正当权益，同时加强对老龄用品的知识产权保护。

复次，实施科技创新战略，提升企业的核心竞争力。

为了推动康复辅具产业链的完善、形成产业集群，应积极实施科技创新战略，围绕行业创新的关键问题，开展基础研究、产品开发、产业化推广等方面的合作，突破产业发展的技术瓶颈，形成"产、学、研、用"紧密结合的创新链与产业链的融合，最终提升行业的核心竞争力，占领产品研发及产业化的制高点。

又次，培育扶持龙头企业，着力打造民族品牌。

出台有针对性的扶持政策，着力培育民族品牌，确保为国内消费者提供质优价廉的康复辅具。目前，某些老龄用品行业（如助听器）的国内市场已基本为外国公司所垄断，民族企业举步维艰。这就迫切需要政府从研发、生产、销售等环节加以扶持，支持国内康复辅具制造企业的发展。

最后，实施平台战略，建设康复辅具产业创新基地。

对康复辅具业的发展应实施平台战略。鼓励与国外先进国家合作建设康复辅具产业创新基地，引入国外先进设计与加工技术，汇集多方力量，合力搭建集研发、展示、营销、物流于一体的康复辅具集成平台。在具体运作上，可以采用"政府搭台，企业唱戏"的方式，即由政府来统一规划和提供场地，邀请国外正规康复辅具生产厂家来入驻，具体的经营和服务工作由企业负责。这样能够帮助广大老年人及其家人更方便地了解和体验老龄用品，有效提升社会大众对康复辅具的认知。

展望未来，重点围绕老年人、失能失智老年人、残障者生活自理、康复训练、康复评估等社会急需的内容，实施"普惠通用中档次康复辅具产品的推广应用和高端高技术含量老龄产品研发并重"的发展战略，研发并向市场投入适合我国人体特征和生活习俗的康复辅具，攻克一批关键技术和共性技术，研发一批经济、实用、安全、可靠、耐久、高品质的康复辅具设备或器械，大面积实现康复辅具产品的国产化，促进我国康复辅具产业的健康可持续发展，提升我国老龄产业和残疾人的服务水平。

（四）充实教育文化体育产品和服务

1. 发展现状基础

老年教育文化体育产品和服务，是指以服务老年消费者为主，供给图书、影像制品、电影电视、报纸杂志等文化产品以及老年教育、老年体育、老年休闲娱乐服务等业态。随着生理老化与功能衰退，老年人不仅需要便捷的医疗服务，在精神层面上同样希望在教育活动、文化娱乐活动等方面扩展社会关系。根据《2017年中国老年消费习惯白皮书》的预测，未来老年产品及服务市场将快速增长，2021年总体市场规模达到5691亿元。老龄产业尚处于初步发展时期，正在逐渐形成以养老金融、社交娱乐和养生理疗等几大板块为主的老龄产业发展格局。同时，国家对养老产业支持力度加大，利好政策不断出台。

《中国城乡老年人生活状况调查报告》显示，2015年，89%的老年人经常看电视或听广播，43%的老年人经常散步或慢跑。有2%的老年人加入老年大学，排名前五的省市分别为上海（6.2%）、福建（6.1%）、浙江（4.6%）、天津（3.9%）、北京（3.5%）。事实上，老年人存在健康保健、人文艺术、休闲生活、知识技能、自我实现、人际关系和社会政治等多种需求，且多种需求互相交叉。其中，文化娱乐、休闲社交、健康保健是最主要的教育需求。中国老龄科学研究中心发布的《中国老年人生活质量发展报告（2019）》显示，老年人精神文化生活对其幸福感有显著的正向预测作用。

（1）老年教育需求大、发展快

老年教育机构覆盖广泛。近十年来，全国老年教育机构呈现出快速增长的趋势，截至2017年底，全国共有老年教育机构74408个，呈现出分布广泛、主体多元、形式多样的特点。部分省市基本达到老年教育多级网络布局。除西藏、台湾老年教育机构未作统计外，老年教育机构已遍布纳入统计范围的各个省市。例如上海市已形成了市、区、街道（乡镇）、（居）村全覆盖。福建省已经实现了每个市县至少有1所老年大学，40%左右的街道（乡镇）有老年学校，40%左右的村（居）委员会设立老年学习点，初步形成"省市县乡村"五级老年教育办学网络。天津、重庆、安徽、贵州、山东、河南等省市已经初步形成老年教育多级办学网络，在省市和区县层面基本完成《规划》提出的目标，街道（乡镇）和居（村）委老年建设也已达到了较高的比例。

老年教育发展的办学主体多元。在各省市老年教育机构的举办单位中，有老干部系统、民政系统、教育系统、文化系统、老龄系统、退管会系统等，这是目前老年教育机构主要的举办主体，但也已出现了中高等学校举办、社会力量举办、企业举办、部队举办、养老社区举办等各种形式的老年教育机构。

社会力量积极参与老年教育。"十三五"期间，各省市通过多种形式吸引社会力量参与老年教育事业，取得了一定的成效，探索形成了一些可复制可推广的模式。主要方式有：推动行业和企业举办老年教育，满足系统内退休职工对老年教育的需求；推动社会培训机构利用自身资源优势举办老年教育；推动社会团体发挥专业优势参与、举办老年教育。截至2017年底，全国共有各类社团、非公企业和民办培训机构6146家参与老年教育。

部门、行业举办的老年大学面向社会开放。各省市大力推动原有老年大学和老年教育机构的体制机制转型，积极促进老年大学面向社会办学，鼓励各部门、行业企业、高校等举办的老年大学转变办学理念，提高老年大学面向社会的开放度，从过去面向本系统离退休职工逐步朝面向全社会老年群体开放，将老年大学集聚的教育资源向基层和社区辐射，提高老年大学服务社会的效能。部门、行业举办的老年大学面向社会开放采取的方式有：承担老年管理职能；输出管理模式和实践经验；提供专项服务；扩大招生范围等。

社区教育的发展推动了社区老年教育。教育部自2001年起，开展了社区教育实验区工作，积极推动社区教育三级网络的建设。无论是从阵地、资源，还是体制、机制，都已成为各省市发展老年教育的重要依托。各地通过完善社区老年教育办学网络、共享教育资源等，扩大了老年教育各类资源的供给，节约了办学成本，成为老年教育的重要发展途径。如芜湖市利用社区大学和电视大学的力量，发展老年教育，不断在管理体制、运行机制和教育培训模式上进行实践探索，成立芜湖市老年开放大学，开设老年教育课程，搭建开放共享的"芜湖市民终身教育网"和"芜湖老年开放大学网"学习平台，引入600多个讲社区教育、老年教育和青少年校外教育视频资源，与市老年大学合作推出两期总计46个网络学习课程，形成教育研究与指导相统一、教学服务和资源支持一体化的社区老年教育工作基地。

（2）老年旅游和体育不断发展

《中国城乡老年人生活状况调查报告》显示，随着老年人经济条件不断好转，老年旅游消费日益受到青睐。2015年，全国14.31%的老年人有旅游消费，平均金额为4928元。据旅游网站"驴妈妈"统计数据显示，2018年老年游客的平均出游时间为5天，人均消费超过3600元。老龄办调查显示，目前我国每年老年人旅游人数已占到全国旅游总人数的20%以上。以全国每年50亿旅游人次计算，老年人要达到10亿人次。

最受老年群体欢迎的体育项目为：健步走、广场舞、太极拳、门球、棋类、乒乓球、柔力球等。其中广场舞参与人数众多。围绕其产生的广场舞音乐制作产业链一度进入鼎盛时期，同时带动户外音乐播放器和广场舞服装的热卖。这其中不乏一些配备专业音响设备和高档服装的"高级"广场舞团体。不少地方还定期举办广场舞大赛。2015年，广场舞App"糖豆"上线。在之后的两年里，市场上仅与广场舞有关的App，就出现了60多款。从老年体育消费规模来看，2018年，福建老年人人均体育消费1320.83元、上海987元，广西老年人年均消费占养老金的1%—1.5%。

（3）老年文化娱乐快速增长

老年在线娱乐消费快速发展。有数据显示，我国目前移动网民中银发人群规模已超过 5000 万，每 8 个银发人群中就有 1 个是移动网民。虽然目前渗透率较低，但用户规模、使用时长都在增加，互联网消费是不容忽视的蓝海。以微信为代表的即时通信应用占据银发人群最多时间，短视频对银发人群时间争夺最突出，其次是手机游戏、在线阅读和网络 K 歌备受青睐，再次是移动购物 App 最受欢迎。公开数据显示，"糖豆"用户总量超过了 2 亿；有声影集制作软件"小年糕"用户总数超过了 5 亿，日活跃数千万；图文编辑工具"美篇"的用户总量也超过了 8000 万。据业内人士称，现在很多头部的老年人 APP，比如糖豆、美篇、小年糕，基本在靠广告活着。首先，老年人思维固化，更倾向于熟人推荐。所以，社群电商比平台电商更适合老年人。其次，老年人对价格比较敏感，消费更为谨慎。在尝试过电商、旅游、课程和广告等模式之后，一些平台开始往金融领域突围。

老年题材剧目在目前市场上确实属于稀缺资源，尤其在喜剧题材方面更为少见。但实际老年人这方面市场消费需求潜力巨大，这一群体需求也将作为未来他们原创内容的一个重要方向。复旦大学社会发展与公共政策学院教授任远提出，互联网和信息社会为老年人口提供了更加丰富的休闲娱乐，老年人可以选择在网络游戏大厅中娱乐。然而多数情况下，老年人缺乏学习能力，在知识体系中缺口太大，实际上需要社会较多的教育投入，以增强老年人信息化的知识和能力。在任远看来，这种对老年人的"文化反哺"是社会亟待完成的责任和使命。

2. 存在问题

总体而言，文体娱乐产品存在严重的供需不匹配落差。中国一直以来重服务、轻产品，重物质、轻精神的老龄工作思路阻碍了文体娱乐市场的兴起和发展，老年人不断增长的旺盛的精神文化需求需要市场主体正视和满足。

(1) 文化产品和服务供给不足

与日本相比，国内的老年文化产品供给还较欠缺，导致中国老年旅游市场的份额奇高，远远超过了其他任何一个细分的市场规模。与老龄化的日本相比较，日本老年文化消费达到1125亿人民币、老年娱乐消费1000亿人民币，而中国老年文化消费市场尚未打开，甚至相关占比统计缺失。此外，新一代退休人群的文娱消费类需求日渐旺盛，而优质供给却非常稀缺。目前，针对退休人群的在线文娱产品供给远远落后于需求。

市场主体相关产业在开发面向老年人群体的文化消费产品时，没有将不同教育背景的老年人进行区分，自然会削减老年文化消费市场的品类数量，一些与老年人文化层次不匹配的文化消费产品，同样也难以占据一定的市场份额，例如参观展览、社区演出等。但也因为质量参差不齐而难以获得老年消费者的青睐。

(2) 老年教育统筹管理体制尚未有效建立

当前老年教育的体制不畅，缺乏统筹管理。其原因是中国的老年教育是由老干部教育、退休职工教育一点点发展起来的。是以一条线为主体的教育，还没真正纳入国家的公共服务体系中去。中国老年教育机构办学主体多元，有的隶属于教育部门，有的挂靠在老龄、民政、文化等部门，虽然促进了中国老年教育资源的多元供给，但从一条线划分上涉及多个主管部门，领导体制不统一，由其中任何一个行政部门牵头都有一定难度。

在国家层面，老年教育管理权归属问题不明确。老龄工作由国务院老龄委牵头，老干部工作由老干部局负责，退休职工由退管会管理，而老年教育都可以是其中的一部分。目前，老年教育管理部门有组织部、文化部、教育部、民政部、老龄办等，基本处于谁办的谁管，缺乏宏观协调与规划，缺乏政策的设计。

在实践层面，由于老年教育由谁管、谁来办不明确，存在发展缓慢、困难众多、资源分散等现象。造成难以有力统筹协调老年教育的工作部署和资源使用，无法有效发挥办学效益。值得强调的是，老年教育"以校代政"现象非常普遍，因为缺少明确管理责任，往往把老年大学作为老年教育管理部门，由省学校管市学校，而高一级别的老年大学并不具备行政管理资质和能力，即不符合"管办评分离"的原则，也不利于资源的高效能利用。

在法律层面，立法建设滞后。无论是终身教育还是老年教育，目前均无国家层面的法律规定。国家层面颁布的法律中，《中华人民共和国教育法》和《中华人民共和国老年人权益保障法》涉及老年教育领域，对老年人受教育的权利予以了一定的法律赋权，但对老年教育的发展目标、重点任务、基本原则、管理体制、运行机制、保障措施等内容都没有明晰、完整、系统的规定，也缺乏可操作性和具体的实施项目。

（3）老年教育文化要素投入不足

与年轻群体相比，中老年人退休后的可支配时间更多，并且在终身学习观念的影响下，其学习需求也并不弱。中国老年大学目前每年的学员数量仅800万，受限于线下场地、资金、师资等因素，线下老年大学规模难以迅速扩张，热门专业一座难求。因为缺少相关的法律和政策支持，老年大学、老年学校的性质定位不清楚。虽然《国家教育事业发展"十三五"规划》提出要"推进老年教育机构逐步纳入地方公共服务体系"，但老年教育应该是政府行为，还是社会行为，还是市场行为；是福利事业，还是文化消费，定性还比较模糊。老年大学是姓"老"、姓"教"、还是姓"文"，老年教育是教育机构、培训机构，莫衷一是。现代政府管理和财政体制强调机构的合法性，老年教育机构是事业单位，还是民办非企业，还是社团，缺乏有效的指导意见，还有大量的老年教育机构没有任何身份，自己挂了牌子，有个领导出面，就办起来了（积极性是好的，运作就很困难），处于"非法"办学之中。目前，一部分老年教育机构属于事业单位，运作还算正常，一部分是挂靠企业（事业）单位，运作已经受到限制，因为功能与岗位设置不对应，与财务管理、人事管理的不适应之处越来越明显。绝大部分老年教育机构，尤其是基层老年教育机构，只有牌子没有建制、没有队伍、没有经费，运作不正常。这带来了极大的资源配置和运作障碍。如果不是事业单位，比如民非机构或是老同志自己举办的性质不明的老年教育机构，则无法享受政府的财政拨款，导致一些老年教育机构发展受限。

3. 发展思路

（1）高度重视对老年人精神生活需求的满足

随着时代变化，老年人已经从吃饱穿暖为主要需求转变为追求精神文化生活的丰富了。养老服务应更加重视老年人精神文化需求，鼓励各类文化旅游教育体育等产品和服务的推广。传统上将老龄事业更聚焦于健康、养老等领域，伴随老年人群体规模的增加、生活水平的提升等各种变化，老年人群体对文化娱乐教育体育等需求日益旺盛。文旅产品与养老、健康等关联度非常强，既可以独立运营又能够附着在养老相关服务上，提高了服务的附加值和感受度。

（2）针对老年人消费特点和需求偏好推出适宜的产品服务

针对老年人特点，挖掘文化和旅游产业可以发力的切入点和爆发点。针对老年人旅游具有消费补偿性动机的特点，适时推出老年金婚银婚旅行的产品和项目；利用优质自然资源、传统文化资源、中医养生等文化旅游类资源，开发文化研学游和康复保健游等项目；围绕书画、花卉、垂钓、摄影等老年人喜爱的兴趣爱好内容，推广特色性老年旅游项目和产品。鼓励电影院、KTV、剧场、博物馆等经营场所将白天时段，以惠民价格对老年人群进行开放，既惠及老年群体，拓展新的市场空间，也填补空白时段的经济收入。

拓展新业态新模式充盈老年人精神文化需求。拓展与文化创意产业以及平台经济、共享经济等产业形态和模式的融合发展。老龄产业相关的要素配置一直存在紧张，包括土地、设施、场地等根本性的要素，越是在老龄化程度高的地区要素紧缺程度越高，所以需要向服务供给方式上"置换"空间，比如老年教育培训要开发老年远程教育、教育平台等，老年人文化娱乐、广电传媒、运动健身等产品服务，要依托线上线下双重带动、灵活开展。

（3）扩大资源供给为老年教育发展提供保障

将老年教育纳入经济社会发展规划和地方公共服务体系。加大投入，让老年教育资源逐渐普及，让老年教育成为公共服务的惠民政策，让老年教育机构成为广大普通百姓满足精神文化需求、提升个人道德素养、参与群体活动空间的重要场域。将老年教育列入终身教育体系和老龄工作体系建设规划，制定老年教育发展目标任务和指标体系。有条件的地区要把老年教育与经济社会现代化和教育现代化同步安排、同步考核。

完善经费投入机制。建立以各级政府的财政投入为主，各老年教育服务举办单位、受教育者合理分担成本，企业、社团、个人投资或捐赠，多渠道筹措经费的投入机制。发挥政府投资主渠道作用，将老年教育经费投入纳入各级政府的年度教育财政预算，建立健全老年教育支出与财政收入相匹配的动态增长机制，支持老年教育服务重大项目建设，完善老年学习服务体系，有效扩大老年教育资源供给。拓宽老年教育经费投入渠道，鼓励民间资本以多种形式参与老年教育，鼓励和支持企业、社会组织和个人建立老年教育发展基金。

加大城乡社区老年学校建设力度。从外延扩大老年教育资源供给，使社区老年人就近方便入学上学。有规模、办得较好的老年大学，应该发挥示范作用，通过加盟和分校等形式，联合和指导社区老年学校建设，扩大老年教育的影响力和辐射面。鼓励和支持各级老年学校、各级老年活动站（中心、室）结合区域内老年人口的实际需求开展面授、体验学习和自主网络学习相结合的多种学习服务。鼓励和支持社会文化教育机构以及各类老年社团依托其已经形成的组织网络，更大范围地开展内容丰富、形式多样的老年教育活动。鼓励和支持社区老年活动站（中心、室）组织老年人社区活动、邻里活动、短期学习活动等。鼓励和支持老年人居家自学。

扩大老年教育资源供给。加强对社会公共资源开放工作的指导、协调和监督，完善社会公共资源开放供给机制，大力倡导文化、教学、卫生、体育、科技与行业利用场馆设施设备等资源开展老年教育活动。丰富老年教育内容，坚持"适需性"课程与"引领性"课程的有机融合，开发适合各年龄段老年人需求的老年教育课程体系，制定课程、教材等各类学习资源标准，建立老年教育资源库，鼓励多元主体共建共享老年教育学习资源。

提升老年教育信息化水平。利用现代信息技术为老年人提供多元化学习途径和学习体验。提升老年人信息技术应用能力，共享老年教育数字资源的成果。拓展老年教育的信息化服务功能，搭建老年教育成果网上展示平台。汇聚各类老年教育机构的学习资源，形成数字化学习资源库，供老年教育机构免费共享，并组织开发具有地方特色的课件资源。开展远程老年教育能力培训，提高管理人员和老年人的信息技术应用能力，实现教育教学资源的数字化管理，加快老年教育工作的信息化进程。

加大社会力量参与力度。吸引社会资本、社会力量参与老年教育，形成党领导的、政府主导的、社会多元主体参与的办学格局。搭建社会组织参与老年教育的服务平台，积极引导、充分发挥社会组织的作用，提供多元化学习服务、承担项目、提供场地资源等。各级政府应利用财政、税收等杠杆，加强政策导向，通过制定规则、扶持培育、购买服务、激励先进的方式建立和完善社会组织参与机制，发挥各类社会组织在老年教育中的推动作用。

（五）推进生活环境适老化改造

1. 发展现状

（1）老旧小区改造成为新一轮城市更新的重点内容

2019年，《国家积极应对人口老龄化中长期规划》将打造老年友好型社会环境作为应对人口老龄化的重要任务之一。同时，适老化的城市建设、社区环境以及家庭环境改造与城市更新、社区微整治等新型城镇化和社会治理目标相契合，所以适老化改造成为政府和市场共同关注的领域。国家发展和改革委《2019年新型城镇化建设重点任务》中提出了围绕提升城镇化的质量和水平，加快补齐城镇基础设施和公共服务的短板，更加注重城市的更新和城市治理，提高对产业和人口集聚的支撑能力。其中一项重点任务就是，以老旧小区改造为抓手，加快推进城市更新。要改造一批老旧小区，财政给予适当补助，重点支持完善水电气路信等配套基础设施，以及养老托育、停车、便民市场等公共服务设施，切实改善群众的居住条件。因地制宜推进老旧厂区、老旧街区和城中村改造。

（2）家庭室内适老化改造将是下一步重点

除了社区适老化改造以外，适老化改造还有两类相关领域产业空间非常大。一是上表包含的家庭室内适老化改造。《中国城乡老年人生活状况调查报告》显示，2015年，老年人居住面积普遍较大，约为111.8平方米，93%的老年人拥有独立房间。

拥有自由产权住房的占 65.9%。城市老年人住房满意度为 50.8%，高于农村的 43.9%，对住房基础设施、社区设施的满意度也存在城市高于农村的情况。目前北京、浙江等地已经开展居民家庭适老化改造项目，由政府补贴和家庭出资共同负担，未来将撬动广阔的市场空间。以北京市为例，2018 年，北京市海淀区 65 岁以上老年人有 39 万多，60 岁以上老年人有 50 多万。海淀区政府从 2012 年开始对 95 岁以上老年人家庭进行适老化改造补助，每户财政补助 2000 元，改造户数已超过 3000 户。从 2017 年开始，政策开始做了进一步调整，年龄放宽到 90 周岁以上，同时对辖区内 80 岁以上老年人配发浴凳。政策实施具体流程为，先由街道社区申报，然后有专门适老化评估机构去住户家庭进行环境评估，最后由适老化施工机构来完成改造。

(3) 各地资本不同形式参与养老地产

养老地产即通过购买养老地产服务进行养老。养老地产从建筑产品到建筑设计、园林规划到装饰标准，以适合老年人居住为核心，一般为高端住宅产品。通过这种形式，地产养老可为老年人提供全方位系统照顾，老年人居住的公寓社区通常环境较好，生活便利。同时，地产养老提供生活照料、休闲娱乐、康复医疗、紧急救助等基础服务，也有地产养老针对特殊老年人的特殊需求提供服务，如为失能、高龄老年人提供专业服务。当前，北京太阳城国际老年公寓、亲和源、椿萱茂·凯健老年公寓、绿城乌镇雅园、和熹会、万科、星堡中环养老社区、恭和苑等都属于此类地产养老公寓。以亲和源为例，亲和源坐落于上海浦东新区康桥镇，整个社区全部采用无障碍化设计，以老年公寓、健康会所、老年商业街、老年护理院、公共服务大楼、老年大学、配餐中心、景观花园等完备的设施，区别于传统意义上的养老院，成为一个不脱离社会，既相对独立又不乏开放的老年生活社区。

（4）康养小镇作为新型城镇化的创新模式蓬勃发展

还有一类与地产、康养等都相关的建设发展模式，即康养小镇、康养基地等建设模式。这是融合了养老地产、康养服务、适老化建设等多领域的结合模式，也成为各地在探索新型城镇化建设、探索乡村振兴道路等过程中集中关注的发展路径。比如，浙江省评选了28家省级老年养生旅游示范基地，杭州余杭区，湖州长兴县、安吉县，丽水遂昌县，金华武义县等地老年养生旅游产业雏形初现。

依据资源禀赋、驱动因素和目标人群，可以将康养小镇划分为三种模式。

首先，优势资源依托型康养小镇。

此类康养小镇的核心优势是具有不可复制的先天自然资源，前期已经开发了旅游资源，后期叠加康养功能，产生规模效应。目标群体主要是养生保健群体和银发养老群体。资源依托型小镇通常位于大城市近郊或邻近地区，依托服务完备的成熟景区吸引人群，成为区域性旅游度假集散中心。保定白石山温泉康养小镇位于保定市涞源县境内，属于"环首都旅游圈"。小镇依托白石山独特自然环境和丰富地热资源，融入涞源当地民俗文化、特色生态农业以及汉唐建筑文化，形成高端温泉养生中心。小镇2018年成功举办"河北省首届国际冰雪节"，短短60天就吸引京津冀游客16万人次。

其次，康疗保健植入型康养小镇。

此类康养小镇多位于文化和自然资源不突出的区域，以现有特色医疗资源为平台或引入国内外医疗资源，打造康复治疗、养生保健、慢病疗养、旅游观光、休闲度假等多功能度假区。目标群体为具备一定经济基础，寻求医疗、保健、美容服务并偏好个性化健康体验的群体。青岛小蓬莱健康小镇以医养旅游为核心驱动，整合全球最优质的医疗资源搭建起"大型综合医院+专科医院+中医服务+康复中心+体检中心"综合体，构筑医疗诊治—康复疗养—安宁护理为一体的医疗服务体系。小镇与韩国延世大学医学院合作建设延世大学青岛医疗院，预计提供4000张床位。

最后，特色文化驱动型康养小镇。

此类康养小镇以区域特色文化为基础，打造集康养文化体验、康养教育、休闲度假、养生养老于一体的综合度假区。所在地区多具有悠久的历史以及民族、宗教、医药、饮食、体育及长寿文化内涵，目标人群通常是文艺青年、中产阶层和宗教信仰人群等。无锡拈花湾小镇距离无锡市区100公里，规划有禅意主题商业街区、生态湿地区、度假物业区、论坛会议中心区、高端禅修精品酒店区以及可供千人同时禅修的胥山大禅堂。小镇2015年开园，开业第一年就吸引游客400万人次，收入超6亿元，位居同行业景区第一。

2. 存在问题

(1) 从家庭、社区到社会公共空间的不适老问题突出

住房不适老问题。《中国城乡老年人生活状况调查报告》显示，2015年，58.7%的城市老年人认为住房存在不适老问题，农村比例更高，达到63.2%。老年人对住房满意度一般，表示满意的只有47.4%。老年人居住问题主要是硬件建设问题，亟须得到解决。

环境不适老问题。目前老年宜居环境建设处于"星星点灯"的状况，分散在特殊困难家庭户内适老化改造、老楼加装电梯、无障碍设施建设等多方面、多部门，没有形成合力和整体效应，老年人的获得感不强；相关技术标准、规范"碎片化"，不连贯不集成；老年友好宜居环境建设没有与老旧小区改造、城市更新、美丽乡村建设等有序衔接，等等。

(2) 老年地产经营模式尚不明确

老年地产行业政策不明晰、要素配置不到位、经营模式不清晰，制约了发展空间。老年地产在传统养老服务领域一直被打上"房地产""暴利"的标签，一方面是由于确有房地产企业从中牟利，在本该建立行业规范的初期阶段扰乱了行业规则；另一方面是政策对房地产业的模棱两可导致一些希望持续深耕的企业受到不良影响，行业整体的地位和角色仍不明确。在地产体系内，养老业务部门普遍没有太多"话语权"，在战略、设计、招采、工程、财务等关键环节，都需要依托地产传统业务部门，这也是目前中国地产公司养老业务普遍出现巨额亏损的主要原因之一：按地产的成本模式花钱，却只能按养老的收入模式挣钱，两者间存在巨大的"代沟"。

一些养老社区项目由于土地性质非房地产用地，导致售房受限，只能通过售卖使用权的"会员制"收回成本。会员制销售存在许多潜在的经营风险，针对此类经营模式，2019年，《国务院办公厅关于推进养老服务发展的意见》明确指出，"对养老机构为弥补设施建设资金不足，通过销售预付费性质'会员卡'等形式进行营销的，按照包容审慎监管原则，明确限制性条件，采取商业银行第三方存管方式确保资金管理使用安全"。地方以养老服务用地开展 CCRC 持续照料社区建设和运营的老年社区，都以此为"尚方宝剑"持续发展，但一些地方行业主管部门和监管部门仍然对老年地产保持审慎的态度。

（3）康养小镇存在建设乱象

康养小镇作为新型城镇化发展的一种模式，在各地掀起新一轮的"造城"热潮，其中不乏许多条件不成熟、经营缺模式的项目上马，造成巨大浪费。

一是康养为名、房地产开发为实。国内大型康养小镇多为房地产开发商投资建设。截至 2019 年 11 月，全国已经有 80 余家房企布局康养地产板块。一些康养小镇项目中，康养服务成为房地产项目的面具，前期进行概念炒作，后期投资不足难以兑现，导致康养服务布局粗糙甚至成为摆设。在中部某省被列为重点工程的康养小镇建设现场,总投资约100亿元、规划占地4600余亩的项目,其工程鸟瞰图显示大部分规划为房地产楼盘。房地产企业以康养小镇为名,变相搞房地产开发,建房盖楼,售房回款,利用了康养小镇的建设优惠政策,后期服务聚集跟不上,形成空城空镇,给政府带来维护和治理负担。

二是政府主导过度易引发债务风险。康养小镇项目中政府主导的特征明显。有调查显示,近100个康养小镇中超过60%由政府主导。广西《关于加快大健康产业发展的若干意见》提出,到2021年,基本建成100个健康产业特色小镇,其中包括30个养生养老小镇。一些二、三线城市政府积极引入资本投建大型康养项目,不注重市场摸底和需求调研,沿用传统开发思路,以领导意志替代市场规律,一相情愿发展康养小镇。有的地区大量举债建设康养小镇,政府投入大、占比高,政府配套投入资金规模大大超出县级财政支出能力。有的地区政府在地方财力有限的情况下,选择通过PPP模式筹措资金,但前期对项目规划、收益测算准备不足,对偿债资金来源缺乏考虑,极易引发债务风险。有的地区政府不仅在投融资方面给企业背书,还包揽了很多本该企业承担的职责,进一步放大了政府风险。

三是项目之间扎堆布局、同质竞争。康养小镇项目容易扎堆建设、定位雷同。截至2019年11月,国内投资金额在百亿元量级的康养小镇已有20余个;其中,仅2019年投入建设或签订协议的项目就有15个。从分布地域来看,国内康养旅游项目主要分布在我国西南、东北和东部长三角等地区。其中四川、重庆等城市签约、开工的项目较为集中,计划总投资额超过了1900亿元。康养小镇成为投资风口的背后隐藏着投资回笼不确定性风险。部分省份几个大型康养项目定位雷同。四川太阳谷国际大康养项目拟打造集"医、养、游、居、文、农、林"于一体的复合型国际大康养旅游度假区,同在省内的峨眉半山七里坪森林康养旅游度假区也将打造七位一体的康养项目。具有一定自然资源的地区争夺康养小镇建设项目，缺乏差异定位、精准布局而盲目上马，增加了项目间的同质化竞争。

四是形象工程、损害民生遭到群众诟病。一些地方将康养小镇建设等同于新城建设的形象工程，将大量建设资金用于"穿衣戴帽"工程，内容华而不实。一些康养小镇缺乏自然资源和文化载体，为了吸引人气选择"造节会"，试图通过举办节会招徕游客，短期热度过后长期遇冷。有些康养小镇建设区域忽视人的生产生活需要，重产业、轻配套，有些地方甚至将原住居民集体迁出，民生为形象让路，导致当地人基本生活和道路出行极为不便。"上了项目，失了口碑"，康养小镇成为横在地方政府与群众之间的一根刺。

3. 发展思路

（1）顺应人口老龄化趋势开展社会适老化改造

适老化改造作为老龄事业和产业相结合的重要组成部分，应该更广泛地加以推行。首先，政府和媒体应该强化这方面的宣传，让老年人有自我安全意识，防范风险意识，老年人面临着身体机能的退化，一点小的自我预防作用就很大。据统计显示，老年人跌倒造成的死亡率超过70%，大部分老年人在跌倒后生存时间不超过3年。其次，适老化改造应该是整体的，包括社区环境。现在很多小区的道路都被车辆霸占着，老年人的活动空间被严重挤压，轮椅在小区都无法正常使用。一些新建住宅在开发中并没有注意适老化设计，比如安装无障碍电梯。

"十四五"时期，从社区和居家入手将适老化改造列入为民办实事项目。完成小区路面平整，地面、出入口、通道的无障碍改造，地面防滑处理等；在楼梯沿墙加装扶手，楼层间安装挂壁式休息椅等。有条件的小区可建设凉亭、休闲座椅等。此外，打造老年友好型社区建设。依托社区卫生服务中心、社区综合服务设施等，提高已有设施的综合利用效率，完善设施的适老化改造，打造更加方便、温馨的居家社区环境。

（2）推动养老地产实现居住环境和康养服务的综合配套

不能由于冠以"房地产"的烙印而摒弃养老地产的发展模式，北京的共有产权住房就是很好的政策探索。应鼓励地方和市场在"一刻钟服务圈""智慧养老院""无围墙养老院"等服务新模式和新产品的基础上，广泛创新养老地产的发展模式，探索发展 CCRC 养老社区等模式。统筹规划发展城乡社区养老服务设施，加强社区养老服务设施与社区综合服务设施的整合利用。支持在社区养老服务设施中配备康复护理设施设备和器材。鼓励有条件的地方通过委托管理等方式，将社区养老服务设施无偿或低偿交由专业化的居家社区养老服务项目团队运营。鼓励金融、地产、互联网等企业进入养老服务产业，利用信息技术提升健康养老服务质量和效率。

（3）推动康养小镇健康良性发展

首先，分类管理，避免房地产化过度倾向。

依据"严进严出"原则引导康养小镇建设项目回归合理阈值。对增量严格审批，督促各地按照"三规合一"规划布局审批新增项目，杜绝土地性质与城市功能不符的项目。坚持"去房地产化"，在规划功能区内合理划定小镇生产、生活、生态空间布局，严格把控住宅用地配比。增强对存量建成小镇中自然、文化资源集中项目的监督指导，本着需求导向、做优做强原则，督促地方根据小镇常住人口规模以及预期人口来源、规模和结构审核后续投入。严格审批新增"无中生有"项目，增强各类小镇的特色产业支撑和产城融合，防止空心镇情况出现。

其次，政企合作，积极发挥市场主导作用。

激发市场主体活力和企业家创造力，推进制度政策的供给侧结构性改革，打造务实管用的创新创意平台，营造"政府引导、企业主体、市场运作"的新型政商关系。政府聚焦产业支撑、公共服务、社会治理、农村劳动力转移等重点内容，在基础道路、污水处理、供电、供热、供水等基础设施和产业人口就医、就学等基本公共服务上承担相应的责任，同时，做好项目规划，杜绝形象工程。企业从项目可持续性角度，在产业植入、资本引入、管理导入等方面加大投入力度。在小镇建设的前期项目评估和中后期服务供给方面，尤其需要发挥市场主导作用。

再次，归本溯源，提升健康养生养老功能。

康养小镇应回归健康养生养老的本源。通过整合健康管理、医疗保健、康复护理、安宁疗护等综合连续的康养服务模式，配套健康保险体系，创新商业保险险种等，鼓励康养小镇整合医疗机构、养老机构、自然文化旅游资源等实现有机合作。针对养生养老已具有一定规模的地区，通过规划引导有节奏的适度梯次开发，促进长期整体发展，提升康养小镇的建设层次和发展档次。提高要素配置水平，合理规划资金投入和建设规模，加强康养人才的培养和引进规模，实现建设小镇硬件设施和经营小镇软性管理之间的衔接一致，提升服务对象的体验感，增强康养小镇的吸引力。

最后，民生为本，建立有效的治理和激励机制。

坚持以人民为中心，提高康养小镇的共治共享能力。创新治理机制，允许非建制镇的康养小镇成立小镇管理委员会，协同属地基层自治组织实现社会共治，对群众普遍关注的建设、维护、更新、改造等事项实行民主决议。创新激励机制，改变政策扶持资金的发放时序，对于创建合格、发展良好的康养小镇定期给予优惠政策、资金奖励和社会荣誉表彰。鼓励康养小镇发挥社会效益，增强就业带动能力，通过土地、资金入股等方式，建立长期有效的开发收益分享机制，确定部分收益分红用于小镇生态、生活环境的改善，不断提升小镇及周边居民的获得感。

（六）创新老年科技产品和技术支撑

1. 发展现状

科技创新体现在为老服务上，主要有几种类型：一是老年人在线生活和娱乐方式日益增多；二是信息化平台支撑的智慧养老服务不断发展；三是科技智能用品包括智能生活用品、智能康复辅具等使用成为趋势。

（1）在线消费购买力不断释放

老年人线上消费逐渐普及，老年人具有线上消费的强大购买力。随着智能手机和移动支付的普及，中老年群体逐渐成为数字化消费的生力军。根据《中国互联网络发展状况统计报告》2019年2月显示的情况，截至2018年12月，中国60岁以上网民超过3600万人，占全部网民的6.6%，较2017年底提高1.4个百分点。值得关注的是，40—49岁网民占比由2017年底的13.2%扩大至15.6%，50岁及以上的网民比例由2017年底的10.5%提升至12.5%。互联网使用人群中，中老年群体比例逐年提高。中国老龄科学研究中心与社会科学文献出版社共同发布的《老龄蓝皮书：中国城乡老年人生活状况调查报告（2018）》，是基于2015年第四次中国城乡老年人生活状况抽样调查数据形成的。结果显示，老年旅游、老龄用品、网络消费成为老年人消费新热点。2015年，中国14.31%的老年人有旅游消费，平均消费金额为4928元。88.9%的老年人经常看电视或听广播，20.9%的老年人经常读书或看报，20.7%的老年人经常种花养草或养宠物，13.4%的老年人经常参加棋牌活动。2015年，中国5.0%的老年人经常上网，其中城镇老年人这一比例为9.1%，高于农村老年人；低龄老年人网络消费的比例最高，高达12.7%。2015年，有65.6%的老年人使用过老龄特色用品，其中城镇为71.8%，农村为59.0%。《中国老龄产业发展报告》显示，城镇老年人在 2018 年线上消费额较 2017 年增长增速超 30%，其中 60 岁及以上的老年人成为拉动消费的全新增长点。从具体数据来看，60 岁以上的老年人 2018 年线上消费较 2017 年增长超 65%，高于线上消费增长的平均水平。

2019 年，点外卖、团购唱 K、手机上订电影票这些消费方式不再是年轻人的专属，也受到越来越多老年人的青睐。美团网数据显示，2019 年老年人使用美团平台的交易额较 2018 年增长 29.6%，已达 2.87 亿元；订单数增长 29%，年订单超过 560 万件；老年群体新增用户数 9%，总用户已超过 30 万人。根据媒体对北京、武汉多家 KTV 调研数据显示，KTV 白天消费客户中老年人群占 70%—90%，年龄主要集中在 50—70 岁。艾媒咨询发布的《2018 中国老年人"网瘾"热点监测报告》显示，中国网民占比中，60 岁及以上群体达 7.1%，整体规模已超 5000 万人。全国 50 岁以上的"剁手军团"，仅在淘宝、天猫上就有近 3000 万人，他们平均每人每年网购消费达 5000 元。京东大数据也显示，老年用户的人均年消费额是平均水平的 2.3 倍。2020 年 3 月 10 日，江苏省消保委发布调查报告显示："60 后"及以前群体疫情后选择线上购买生鲜的比例（31.0%）仅低于"70 后"（37.0%）和"80 后"（35.9%），这一比例与"90 后"（30.6%）基本持平，且明显超过了"00 后"及以后群体（25.7%）。

（2）智慧养老、"互联网 + 养老"不断涌现出新模式

2020 年 1 月，民政部等三部门主办的 2019 年智慧健康养老产业发展大会发布数据显示，近年来，中国智慧健康养老产业规模持续快速增长。2019 年中国智慧健康养老产业规模近 3.2 万亿元，近 3 年复合增长率超过 18%，预计到 2020 年产业规模将突破 4 万亿元。业内专家认为，智慧健康养老是民生事业，也是朝阳产业。可以预期的是，未来社会中，和智慧养老相关的应用会越来越多，因此应该让技术成为养老服务的驱动。近

年来，多地从远程监控、实时定位、统一平台信息交互等角度，多方位打造信息化养老服务系统，以期满足老年人和家庭的现代化、科学化和人性化的养老需求。

"互联网+养老"服务产品主要包括"线上"的网络服务平台与"线下"具体的居家养老之上门服务、社区居家养老服务照料中心服务、地产养老服务以及老年金融、教育、法律援助等其他专门信息服务产品。通过"线上"与"线下"相结合的形式，共同打造养老服务产品，实现老年服务一体化、便捷化、多样化与全面化，以满足不同老年人的不同需求。网络服务平台主要包含养老信息管理平台、为老便民公益服务平台以及老年网购平台。

一是养老信息管理平台。

养老信息管理平台主要以收集老年人的基本信息、需求和整合资源为主。目前，养老信息管理平台主要有两大功能，一是建立老年人及老年人服务资源的信息数据库，从而合理有效运用资源，为老年人提供其所需的服务；二是实现信息交互，为老年人的生命健康及其他需求提供保障。此类平台一般为机构、企业与政府部门合作建立或企业私营产品。

通过互联网形式建立老年人基本信息数据库，养老信息管理平台可以为养老服务的运营实施提供参考意见。如北京云宝科技有限公司、紫光软件协助北京市民政局建立的养老服务与管理信息平台、浙江省乌镇智慧信息管理平台等，以老年数据为基础提供服务，实现资源的合理和有效利用。以北京云宝科技有限公司为例，其根据居家、社区养老的需求特点，开创性推出天年宝养老云服务平台，整合养老机构、服务机构等各类养老服务资源，以生活服务、健康管理、紧急救助三大基础功能为核心，以一站式服务为特色，帮助开展居家、社区养老业务的养老服务。

此类平台以老年健康管理为特质的信息服务可为老年人照

料者及时提供老年人身体健康信息，为选择居家养老的老年人生活提供保障。该系统的接收方主要为老年人的子女亲属等，接收信息为单一老年人的健康信息，使用连续性强。如上海安康通公司推出的个人手机健康管理系统平台，通过移动终端收集老年人的健康信息，并提供个性化健康解决方案，子女和亲属可以通过平台查询老年人的血压、血糖、心率等健康数据。

不同的平台，根据其服务目标不同，其平台功能会有所侧重。目前浙江乌镇"互联网＋养老"的试点则致力于实现两个功能。浙江乌镇智慧信息管理平台目前已经形成老年人基本信息、养老服务信息、健康档案、社会养老服务资源四大基础数据库，满足老年人口统计数据查询，养老服务需求评估审批，养老补贴管理，养老机构、照料中心运营监控等功能。其24小时在线社区居家养老服务交互系统，通过网络、电话、穿戴设备、生命体征监控系统等多种方式建立社区与家庭、老年人与社会、老年人与子女的交互，实现老年人生命保障、社会参与、家人照料的全方位保障。在乌镇养老服务中心和居家养老照料中心配置相应智能照护系统，实现健康管理、服务运营管理、机构内监控和报警等功能。今年，首批10套智能照护设备将为重度残疾人、生活不能自理老年人，失独家庭等需要远程照护人群先行试用，通过远程健康照护系统，为老年人提供健康管理服务，同时还将为符合条件的80岁以上老年人配备GPS定位设备。

二是为老便民公益服务平台。

为老便民公益服务平台提供给老年人的服务一般分为三类。一是政府公共服务。该平台可推进政府组织政务信息、社会保障、社会救助、民政优抚等服务信息进入老年人生活领域。二是老年人紧急救助服务。利用老年救助终端紧急按键，联通老年人救助指挥中心、老年人家属、社区、急救医院等，实现多方对话协调指挥救助。三是便民服务。老年人可订购日常生活用品以及家政服务、服务维修等方面的服务。总体上，便民服务为老年人提供非物质的生活服务。

该平台以"服务走到市民身边"为宗旨，让老年人选择生活服务像上网买东西一样方便。老年人可通过登录网站，使用手机、微信、微博等网络形式或拨打热线电话、前往附近便利店预订服务等形式寻求生活服务。目前，多地已经采取这一模式，如内蒙古"12349"政府便民为老服务平台、通辽市"12349"便民为老服务中心、常州12349为老便民公益服务平台等。为老便民公益服务平台一般由政府与电商合作，政府向电商购买服务推进养老服务发展。

以常州为老便民服务平台为例，2015年4月8日，常州开启互联网+养老模式，探索政府向电商购买公共服务模式，推进常州12349为老便民公益服务平台"互联网+"优化。该公益平台通过合理细分服务类别，让市民准确定位自己的服务需求，选择服务像选择商品一样方便。合作方之一的"淘常州"，是当地最大的"O2O"电子商务平台，通过开发整合利用资源，将当地社区每一位居民的生活互联，实现"上网有服务，服务到楼口"。老年人可通过该平台叫外卖、订购日常生活用品或预定家政、维修等服务。运行至今，该平台已累计接听来电50多万个，提供服务和咨询35万余人次。接受服务后，市民可在网站、APP上动态评价评分，促使服务企业自律，价格更公道、服务更优质。

另外，也有针对专门服务领域的便民服务平台。针对某一项专门的需求，为老年人提供资源、建议等服务。如隶属于成都小樵科技有限公司的天天陪护，是移动互联网C2C护工平台，帮助用户快速找到好护工。该平台建成后，用户可以通过微信服务端口寻求和预定护工服务。

（3）智能养老产品不断创新涌现

既可以根据用户的需求进行自动控制，还可以根据自身的习惯进行个性化调节的产品即智能产品。智能产品有几个特性：一是网络化，可以通过互联网实现信息共享；二是智能化，通过环境的变化自动做出不同的响应，使其工作状态达到最佳效果，同时用户还可以进行交互控制；三是易用性，智能产品不仅可以将多种功能整合在一起，还能够将复杂操作简单化，用户操作更便捷。工信部等三部委联合印发的《智慧健康养老产业发展行动计划（2017—2020年）》指出，要发展健康管理类可穿戴设备、便携式健康监测设备、自助式健康检测设备、智能养老监护设备、家庭服务机器人。

2. 存在问题

（1）高科技对部分老年人存在挤出效应

养老服务从信息化平台走向智慧养老，客观上存在对广大老年人群的技术挤出效应。从老龄服务和产品发展的匹配程度来看，产品市场发展滞后，智慧产品的门槛过高，导致对中低收入、高龄学习能力较弱等老年人存在挤出效应。所以，需要在技术进步和科技升级的同时，注重保护和兼顾广大老年人群体的基本权益。同时需要警惕互联网对老年人可能造成的潜在风险。互联网社会对网络安全、个人隐私、社会金融体系等要求更高，需要从法律、道德等多种约束条件出发，打造适合互联网社会的经济社会新规则。尤其要警惕互联网金融、网贷、网购等环节可能隐藏的信息不对称、欺诈老年人以及消费能力透支等风险。

（2）智能产品尚存在普及障碍

处于需求端的老年群体由于存在接受度、学习能力差异，导致智能产品存在普及障碍。一方面，一些产品使用操作不符合老年人的生活习惯，学习成本较高。老年人的操作习惯与年轻人在一些方面有着些许不同，由此引发老年人的生理和社会心理等方面有诸多不适，老年智能产品应分清产品定位，以为老年人用户设计作为主导，针对老年人的操作习惯来进行必要改进，对产品的用户体验进行提升。一些产品不能与需求完全匹配，不能够为老年人提供更加便利、舒适的使用体验，导致一些功能沦为销售的卖点而不能真正地为老年人服务。另一方面，一些产品线下服务体验不佳。产品的服务流程应包含在产品的整个生命周期之中。老年人产品在售后时得不到同等价位的服务与保障。特别是智能产品的特殊属性，需要前期简单的入门教学以及产品发生故障的处理，都需要十分完善的售后服务系统来为老年人的良好使用体验保驾护航。

(3) **数据孤岛导致新兴技术推广受阻**

行业企业的供给端存在数据被职能部门分割形成孤岛问题，新兴技术推广初期筹资范围有限。一方面，大数据的特点是：数据量大、类型繁多、价值密度低、速度快时效高。目前，我国大数据领域尚难以实现整合，信息孤岛现象严重，数据被分割在不同的区域，不能共享，导致数据价值降低。比如，针对老年人的医疗数据和养老的数据分割，难以形成有效的医养结合方案；医保部门和民政部门的数据不共享，对长护险方案的制定缺乏整合的依据。另一方面，大数据、物联网、人工智能技术将在中国的养老中发挥巨大的作用，很大程度上解决高龄化带来的社会问题。但是，目前的筹资来源非常有限。一是老年人群体对智能技术的认知和应用有限，更不愿意为此买单，有老年人因为每个月要支付上网费而拒绝使用智能产品。二是政府财政补贴和购买服务大多停留于传统服务领域，尚未涵盖智慧型服务的范畴，难以取得政府资金支持。三是长护险尚未全面建立，即便在长护险试点地区，长护险对人工服务给予一定比例的报销，但是智能辅具、物联网设备等养老相关设备却不能纳入报销范围。

(4) **各地政府布局的信息化平台利用效率有待提升**

随着互联网+养老在各地的推广，各省市区县甚至街道乡镇都纷纷布局信息化服务平台，实现居家社区养老的信息化响应和信息采集。但是，各地信息平台存在重复建设和浪费现象。

有些信息平台利用率不高,"为智能而智能",缺乏依托需求和回应需求的信息化服务设计,造成投入浪费。而且,各地信息平台的数据信息不共享和兼容,甚至上下级之间的信息平台都不相互兼容,难以管理和实现信息最大化。

3. 发展思路

(1) 打通供需结合的通道,使智能应用真正服务于老年群体需求

根据老年人需求,智能化产品想要"深耕"养老领域,关键要掌握老年群体的真实需求。如今,不少老年人具备消费能力和消费需求,也有使用智慧产品的意愿,为此,应运用智慧技术来改造提升传统的养老服务业态,加大智慧健康养老产品及服务推广力度,让智慧养老打通养老服务"最后一公里"。同时,加大智能产品和服务的人性化、情感化功能,在依托科技提高性能和效用的基础上,增加对老年人情感的抚慰和关爱。使用操作应符合老年人的生活习惯,降低学习成本。好的产品不仅在于产品的功能性突出,用户体验的好坏直接关系到老年人的满意度和购买力。相反,为智能而智能的做法不可取,在服务升级、技术创新的时代,应调动社会力量和市场机制准确把握老年人的需求特点,提供生活消费、文体娱乐、健康养老等领域的服务和产品。

(2) 加大科学技术成果转化应用和产品推广

必须承认,从老龄化社会的需求看,我国目前的老龄科技水平无法支撑养老服务提质增效、升级换代的需要;老龄科技研发、成果转化、产业化运作等与国际水平相比,有很大的差距。目前老龄科技水平和智慧养老发展开始有"走出去""引进来"的趋势,应更聚焦于加大交流合作的广度和频次,使中国的智能养老产品与世界接轨。为此,应在政策端达成共识,加大老龄智能产业的研发和推广应用,鼓励企业延长产业链条,加强与科研院所在基础研究领域的合作,抓紧布局、广泛推广技术转化应用的现实场景，发展方便老年人的功能代偿、智能智造等高科技产品，谋划更广阔的智能产业格局。

(3) 综合防范互联网风险，建立安全可靠的互联网社会秩序

配合智慧城市的建设，建立智能化的社会信用体系和社会治安防控体系，加大对社会犯罪的追讨力度。针对老年人等互联网诈骗的高发对象，通过网络安全进社区，广泛开展互联网安全教育和相关知识普及，降低发案率。加大全社会针对青少年的网络安全教育工作，从家庭、学校、社区、公关宣传等多角度呼吁正确使用互联网，推动网络安全从青少年开始。

参考文献

1. 黄健元、常亚轻：《家庭养老功能弱化了吗？——基于经济与服务的双重考察》，《社会保障评论》2020年第4期。
2. 廖卫东、刘淼：《家庭环境、世代差异与居民养老责任认知——基于CGSS2015独生子女家庭的实证研究》，《西北人口》2020年第41期。
3. 穆光宗：《论政府的养老责任》，《社会政策研究》2019年第4期。
4. 耿志祥、孙祁祥：《延迟退休年龄、内生生育率与养老金》，《金融研究》2020年第5期。
5. 杨钒：《延迟退休对养老金可持续性影响研究》，《宏观经济研究》2020年第5期。
6. 杨再贵：《对"延迟退休"进行理性探讨》，《中国银行保险报》2020年5月15日。
7. 王思斌：《我国适度普惠型社会福利制度的建构》，《北京大学学报（哲学社会科学版）》2009年第3期。
8. 戴建兵、曹艳春：《论我国适度普惠型社会福利制度的构建与发展》，《华东师范大学学报（哲学社会科学版）》2012年第1期。
9. 胡湛、彭希哲：《发展型福利模式下的中国养老制度安排》，《公共管理学报》2012年第9期。
10. 李兵、张航空、陈谊：《基本养老服务制度建设的理论阐释和政策框架》,《人口研究》2015年第2期。

11. 《社会养老服务体系建设规划（2011—2015年）》,中华人民共和国国务院公报2012年第1号。

12. 上海市民政局社会福利处:《上海市〈社会养老服务体系建设规划（2011－2015）〉实施情况报告》,《社会福利》2013年第8期。

13. 张琪:《北京市"9064"养老格局的适应性研究》,中国劳动社会保障出版社2014年版。

14. 甄小燕、刘立峰:《我国养老政策体系的问题与重构》,《宏观经济研究》2016年第5期。

15. 王莉莉:《中国居家养老政策发展历程分析》,《西北人口》2013年第2期。

16. 翟振武、陈佳鞠、李龙:《中国人口老龄化的大趋势、新特点及相应养老政策》,《山东大学学报（哲学社会科学版）》2016年第3期。

17. 陈诚诚、杨燕绥:《老龄化时间表对养老政策影响的国际经验》,《社会保障研究》2015年第6期。

18. 陈赛权:《中国养老模式研究综述》,《人口学刊》2000年第3期。

19. 邓颖、李宁秀、刘朝杰等:《老年人养老模式选择的影响因素研究》,《中国公共卫生》2003年第19期。

20. 李士梅:《中国养老模式的多元化发展》,《人口学刊》2007年第5期。

21. 卫小将、何芸:《社区照顾:中国养老模式的新取向》,《人口与社会》2007年第23期。

22. 李晓华:《社区照顾模式与我国养老方式选择》,《理论导刊》2005年第10期。

23. 杨宗传:《居家养老与中国养老模式》,《经济评论》2000年第3期。

24. 赵立新:《社区服务型居家养老的社会支持系统研究》,《人口学刊》2009年第6期。

Abstract:

During the 14th Five – Year Plan period, population aging has entered a period of accelerated development. The development plan for the aging of population should meet the requirements of the development process of population aging and the national economic and social development stage. Book based on the commissioned projects by NDRC named "the Overall Planning Research of Undertaking and Industry Development for Aging", and by UNFPA named "Key Tasks and Measures to Deal with Population Aging during the 14th Five – year Plan Period".

The book is divided into three parts. The general part analyzes the theoretical basis of China's aging system and policy, the development trend of global population aging and coping strategies of foriegn countries, the policy path of China's response to population aging, and the theoretical basis of the development of aging industry as a useful supplement to the development of traditional undertakings for aging.

Part I is the overall thinking of the development of the undertakings for the aged in the 14th Five – Year Plan period. On the basis of sorting out the development basis and existing problems of the undertakings for the aged in the 13th Five – Year Plan period, and combining the development trend of the aging population in China and the domestic and foreign environment during the 14th Five – Year Plan period, the book puts forward the ideas, key development areas and key measures for the collaborative development of the undertakings for the aged in the 14th Five – Year Plan period. Part II is to promote the coordinated development of undertakings for the aged and industries in different fields. The development situation and existing problems were analyzed from six aspects of perfecting the old – age security system, perfecting the health care service system, expanding the supplies industry for the elderly, developing education, sports and sports services, promoting the transformation for the aging, and innovating the support of scientific and technological products, and the ideas and suggestions were given.

English Name:

Planning Research of Undertaking and Industry Development for Aging

李璐，女，43岁，北京大学法学博士，经济社会学专业。现任国家发展和改革委员会社会发展研究所社会治理室主任、研究员，重点从事健康养老、社区服务等社会事业、社会发展领域研究。多次主持或负责国家发改委、联合国人口基金、亚洲开发银行、民政部以及地方政府委托的研究项目，内容涵盖了应对人口老龄化、养老服务业发展、社区服务体系等。参与撰写的报告多次上报中办、国办，并获得党中央国务院领导批示。参与起草《国家积极应对人口老龄化中长期规划》《关于促进养老托育服务健康发展的意见》《普惠养老城企联动专项行动实施方案》等政策规划，并通过央视新闻、财经和国际频道进行宣传解读。